Bear Grylls

荒野求生技能手册

2

CHANGYONG SHENGJIE 25 ZHONG

常用绳结 25 种

[英] 贝尔·格里尔斯 著 邢立达 译

接力出版社
Publishing House

Bear Grylls

本套“荒野求生技能手册”专为各位年轻的探险家打造，以确保大家在野外的安全。本书中的很多打绳结方法都已经过多年考验，行之有效。绳结主要用于搭建庇护所、编织、钓鱼和捆绑。虽然学习打绳结需要时间，但在打出复杂的绳结并为它找到用武之地的时候，你就能体会到这种古老的技艺是多么激动人心！

Bear

目录

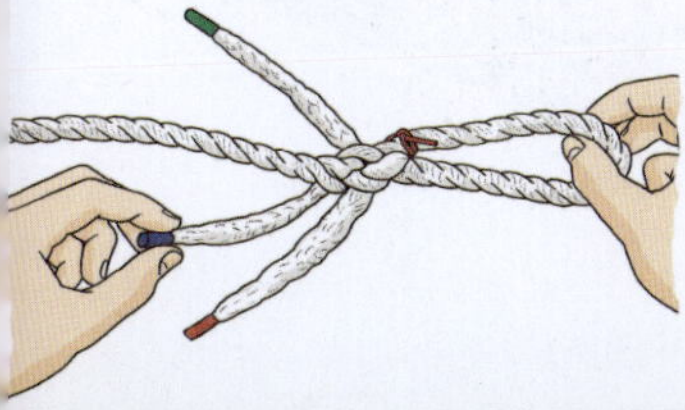

认识绳结

熟知绳子知识和打结方法不仅是登山者和攀岩者的必备技能，也对日常生活有所帮助。打绳结技巧需要花费大量时间练习，但应用起来后就会让人大呼学有所值！

绳子的类型

静力绳不能拉伸，而动力绳可以在负重突然下坠的时候拉伸一定距离。

拧绞绳

这种绳子在多种户外活动中都有应用。它是由 2 或 3 股绞缠在一起的绳线构成的。

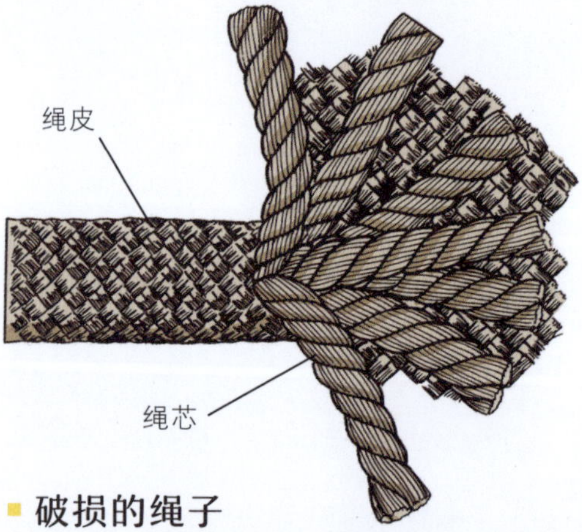

编织绳

很多登山用的编织绳都具有包裹绳芯的保护鞘（绳皮）。

破损的绳子

编织绳的绳皮里可能藏着破损的内芯。绳芯隆起或绳皮开裂的绳子需要更换。

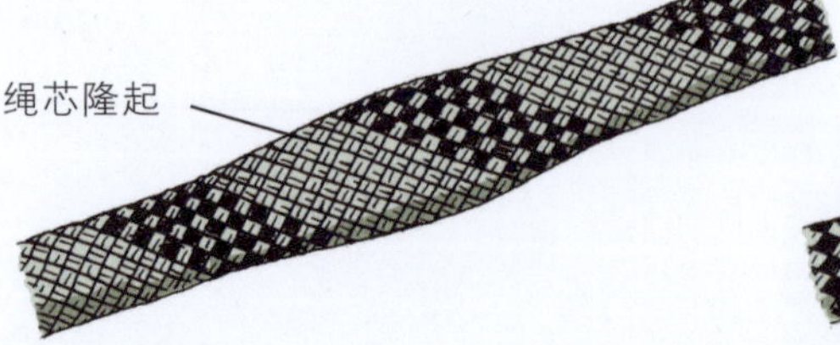

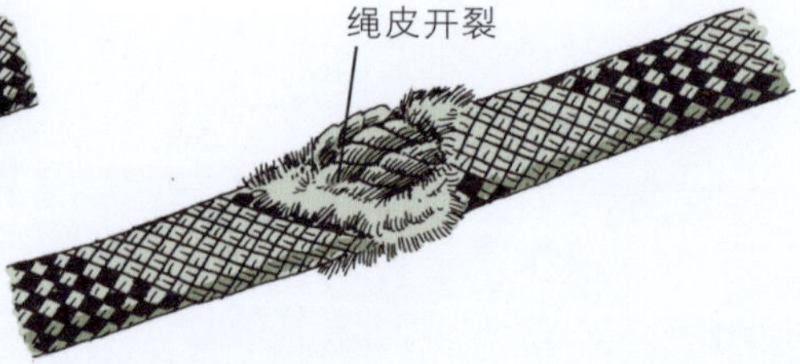

术语

绕	将绳子挂在杆子上时形成U形。
绕圈	将绳子挂在杆子上再绕一圈。
半结	将绳子挂在杆子上，然后打一个结。
双套结	两个连在一起的半结就是双套结。
固定端	固定端也叫非打结端，是指不用来打结的绳子的主体部分。
反手圈	打结端在成环时位于固定端上面。
正手圈	打结端在成环时位于固定端下面。
打结端	绳索跟固定端相对的另一端，用于打结。打完结后，打结端通常是绳结处的小短端。
绳耳	绳耳是打结过程中出现的U形弯曲部分。

携带绳索

1 将绳索两端放在一起。留出两段一臂长的绳索，借助膝盖或肩膀将其余部分绕成一个个一臂长的绳圈。这是要背在背上的部分。

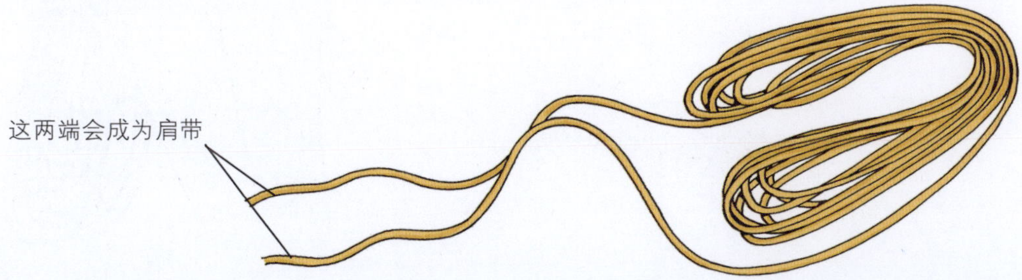

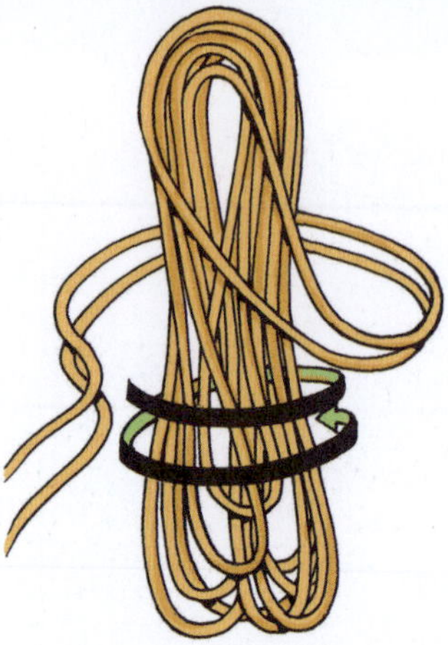

2 用留出来的两段长绳紧紧绑住绳圈，要多绕几圈。

3 将一个绳耳穿过上方绳圈。

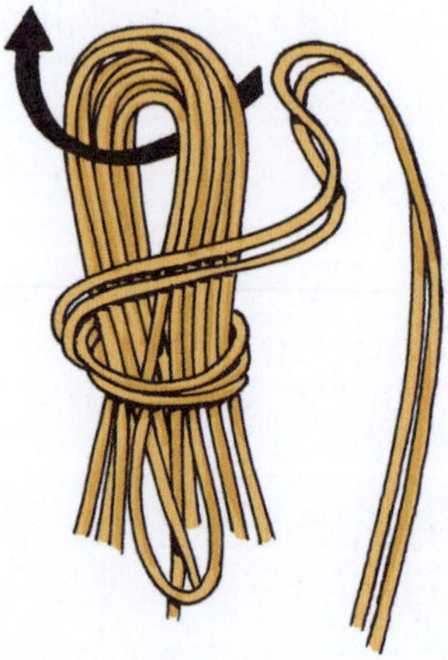

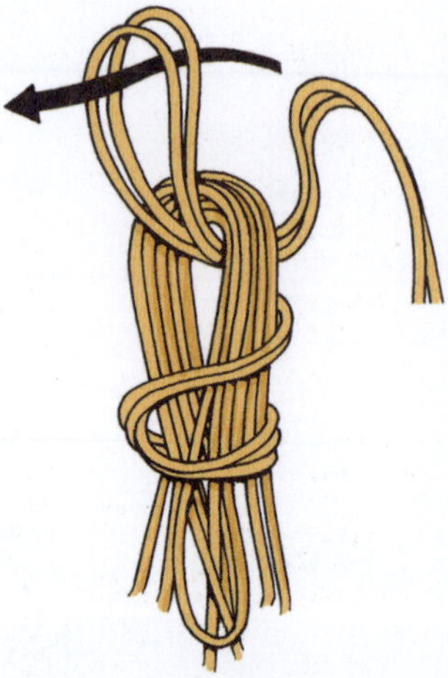

4 将绳索末端穿过绳耳。

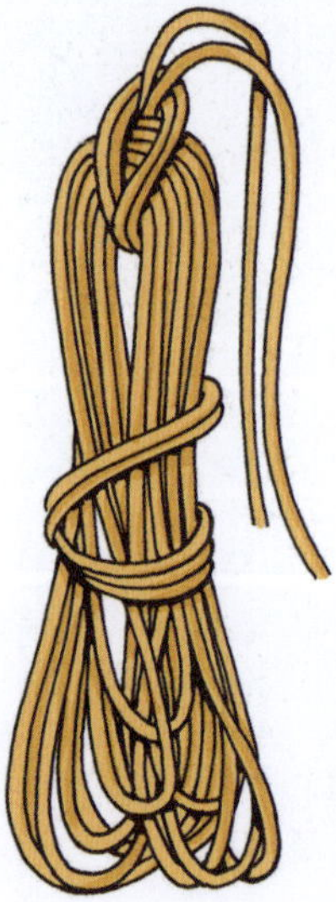

5 现在绳圈应该都已整齐地绑好，还留有两条用作肩带的长绳。

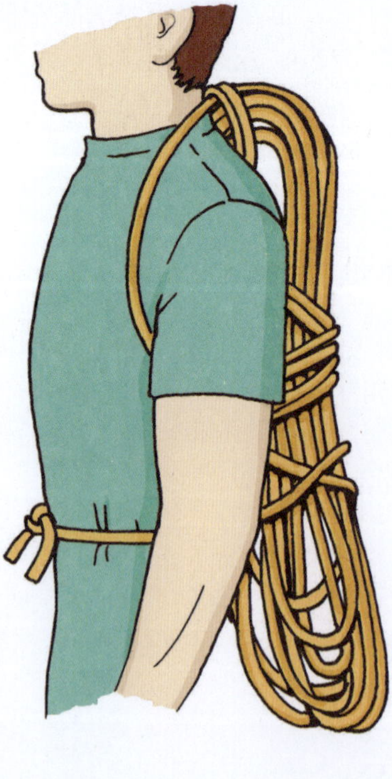

6 将长绳绕过肩膀，从背后穿过，最后捆在肚子上。

反手结

反手结也叫单结，能让人以最快的速度在绳子上打出一个固定的绳结，适用于在“保护站”上迅速固定。这种绳结可以打得相当紧，但同时也很难解开，所以不一定是最佳选择。

1 将绳索两端放在一起。将另一头的绳耳从绳身上方绕过。

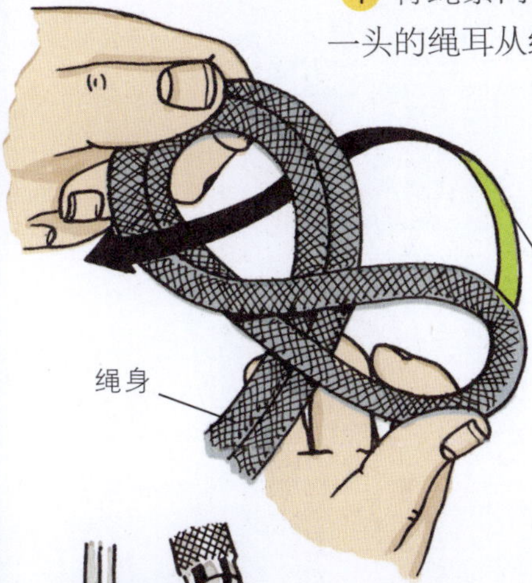

2 使绳耳穿过刚才形成的绳孔。

3 在绳圈上挂好登山扣（有弹簧式开口的金属圈）。

贝尔的话

反手结适合用来在“保护站”上迅速固定。“保护站”是绳索上的一种装置，攀岩者可以利用它悬挂并放下同伴。

双8字结

这种绳结虽然比较笨重，但却是最可靠的环状绳结之一，而且用途很多。

扫一扫，看视频学打双8字结（本书所有视频仅供参考）

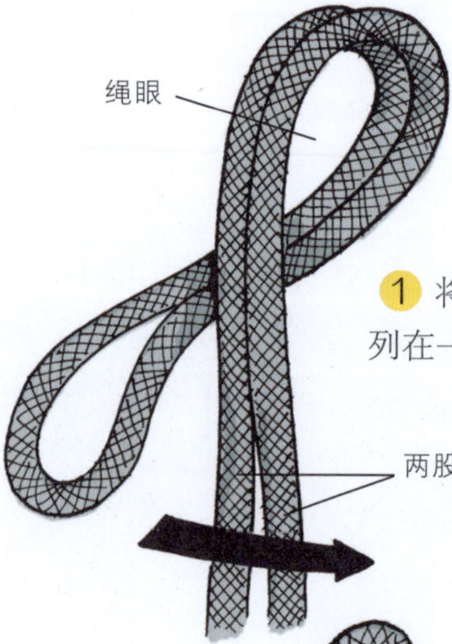

1 将绳耳放到两股并列在一起的绳尾后面。

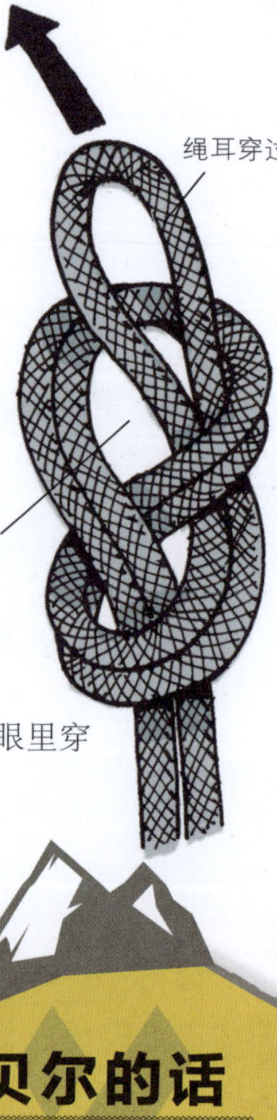

2 将绳耳从绳眼里穿过并向上拉。

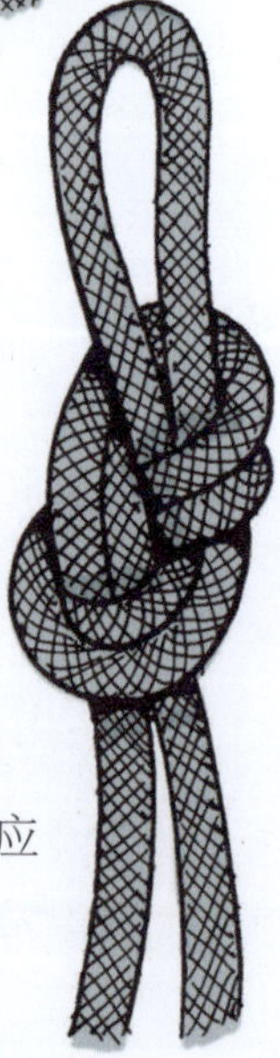

3 打完的绳结应该有些像数字 8。

贝尔的话

这种绳结也被称为弗兰德斯结，在登山者中十分常用。

编8字结

这种绳结看起来和8字结一模一样，但可以绑在固定物上，比如安全绳或吊索。打绳结方法分两个部分。

扫一扫，看视频
学打编8字结

1 先打一个没有拉紧的 8 字结，留出一段长绳尾。将绳尾穿过安全绳或吊索，然后将绳子穿回绳结里。

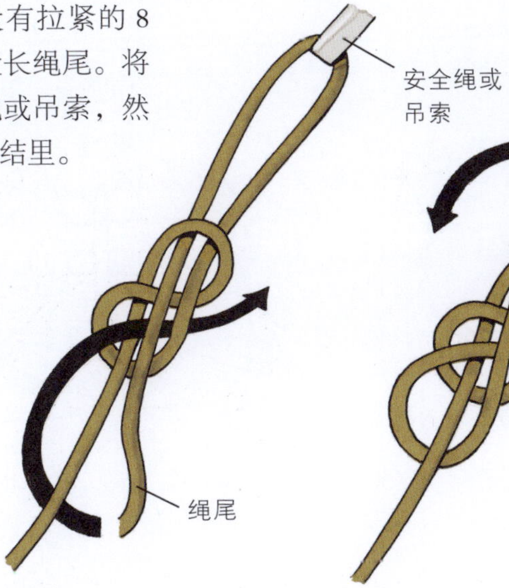

2 穿绳方法和 8 字结一样，但方向相反。

3 绳结的打法要和第一个 8 字结一样，然后将绳尾穿过绳孔拉紧。

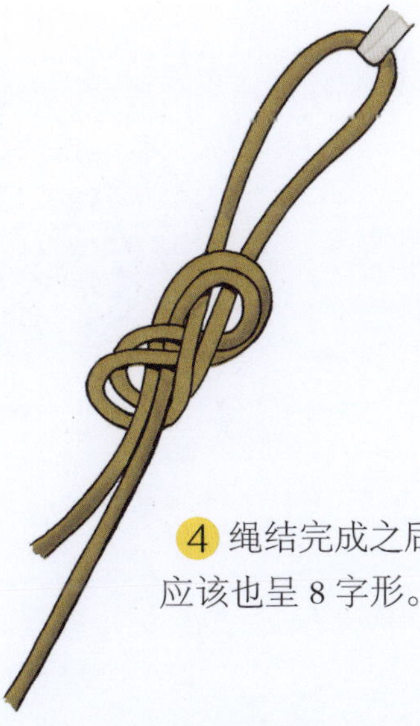

4 绳结完成之后应该也呈 8 字形。

桅杆结

船只索具损坏的时候，这种结可以用来“应急”，临时固定桅杆。固定临时桅杆的拉索与桅杆结上的三个可以调整的绳圈连接。如果可以防止绳结滑落，那么桅杆结也可以用于搭建帐篷或固定旗杆。

扫一扫，看视频
学打桅杆结

1 从左到右操作，做三个正手圈。第二和第三个圈的左侧边缘应和第一以及第二个圈的右侧边缘重叠。

2 让左手从下方穿进第一个绳圈，放在第二个绳圈左侧边缘上方和第一个绳圈右侧边缘下方，并拿起第三个绳圈的左侧边缘。

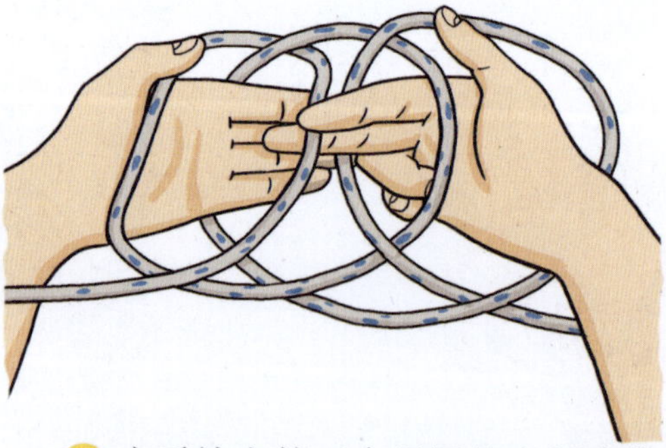

3 右手放在第三个绳圈的右侧边缘上方、第二个绳圈的右侧边缘下方和第三个绳圈的左侧边缘上方，并拿起第一个绳圈的右侧边缘。

4 双手向两边拉开足够的距离，形成两个松散的绳耳。剩下的部分应该保持圆形，中间有明显的绳孔。

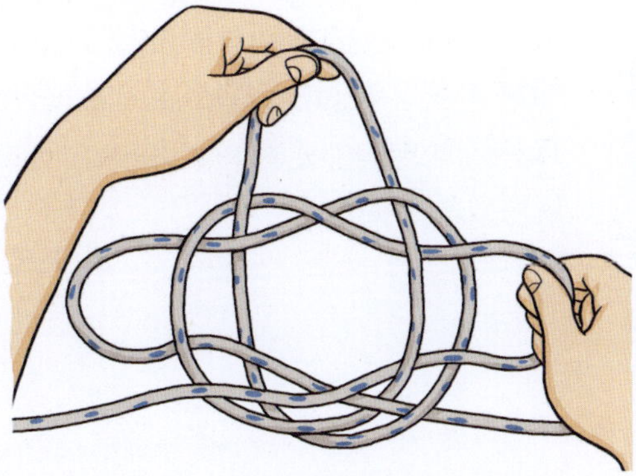

5 第二个绳圈依然呈圆形。小心地从上方将其拉出，形成第三个绳耳。调整绳结，让三个绳耳的大小相近。

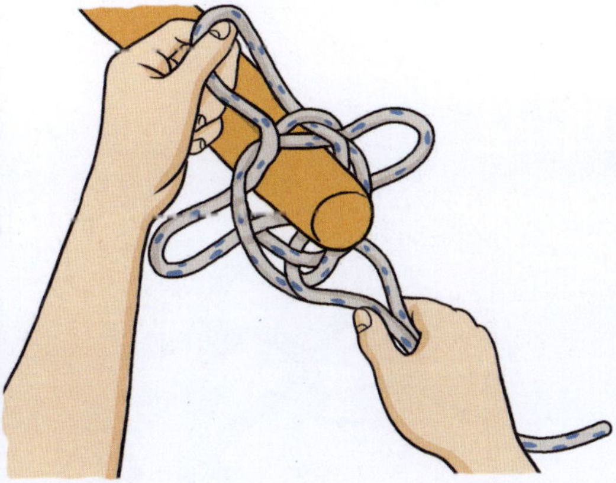

6 将绳结从圆杆末端套入，使其紧密贴合圆杆。将两条固定端绕在圆杆上绑在一起。三个绳耳可以作为其他绳具的捆绑点。

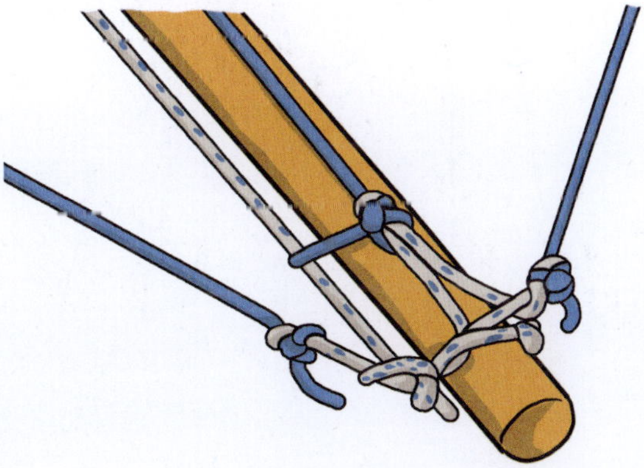

7 固定桅杆的拉索可以通过接绳结或双接绳结绑在桅杆结上。

垂钓结

垂钓结是固定的单圈绳结，通常打在绳子末端，它很难被解开，甚至无法解开。因此，这种结最好用在绳结用完之后就可以砍断的地方。

扫一扫，看视频学打垂钓结

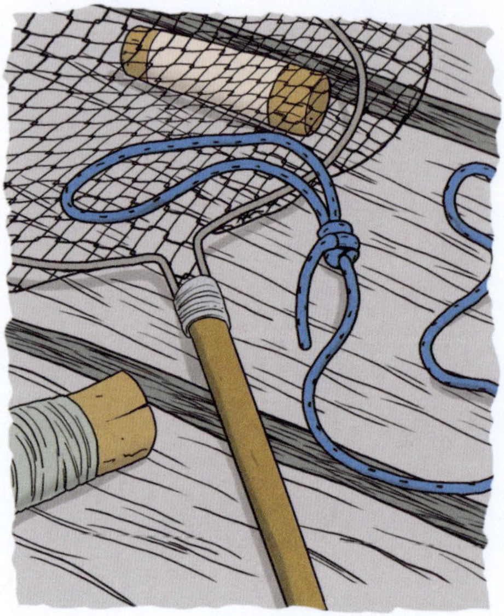

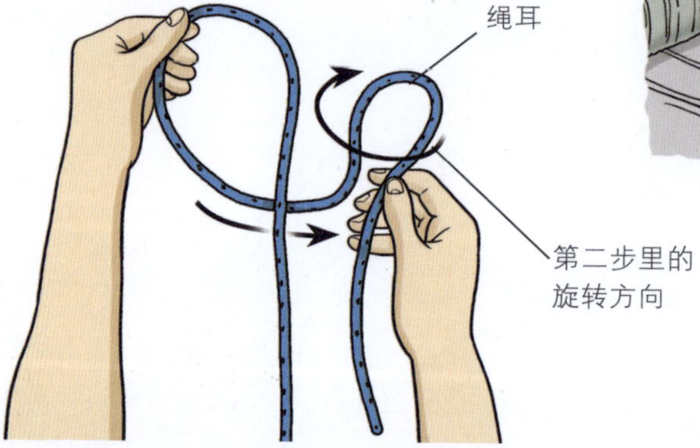

1 使用比所需绳圈长一倍的绳索，做出一个正手圈，然后用打结端做出一个绳耳。

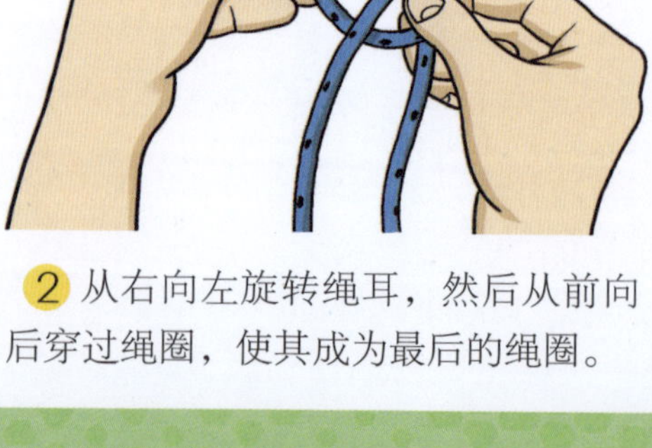

2 从右向左旋转绳耳，然后从前向后穿过绳圈，使其成为最后的绳圈。

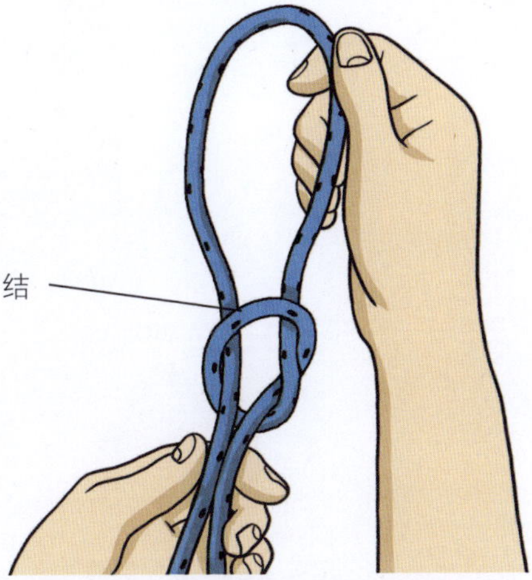

③打结端太长时拉大绳圈，把多余部分往绳圈中拉，再通过反手结将多余部分拉入固定端。

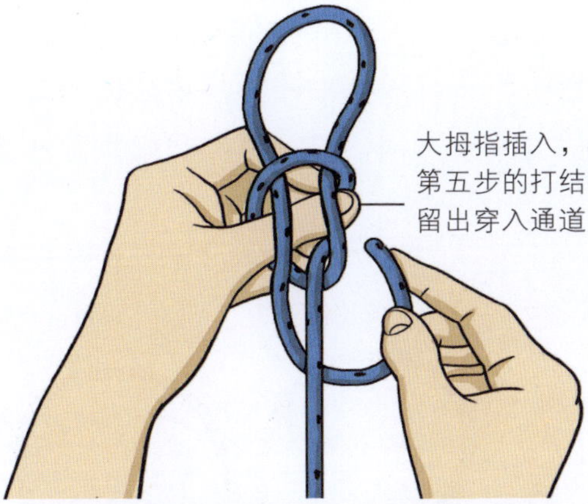

④将打结端绕到固定端后方，放在反手结下端的旁边。

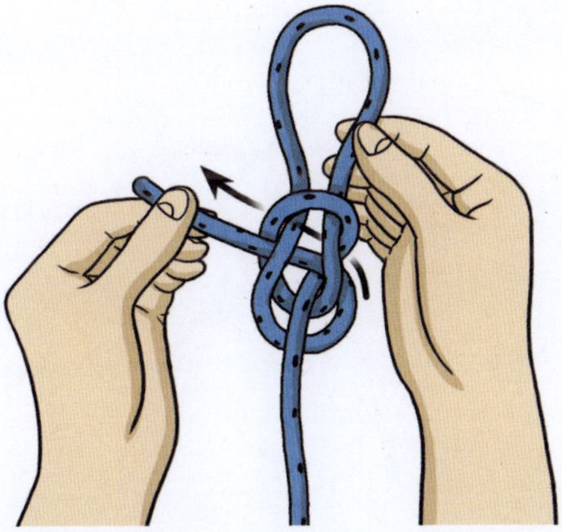

⑤让打结端从两股绳下方穿过，方向为从右到左。

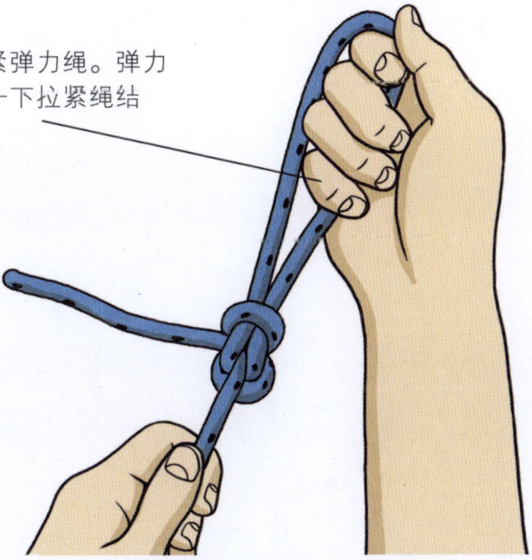

⑥拉紧绳圈、固定端和打结端。用力向两边拉紧绳圈和固定端完成垂钓结。

瓶口结

瓶口结完成后留有提瓶子的把手。可以用这种绳结把饮料瓶从船舷边放进冷水里冰镇。打绳结的时候需要约1.5米长的绳子。

扫一扫，看视频
学打瓶口结

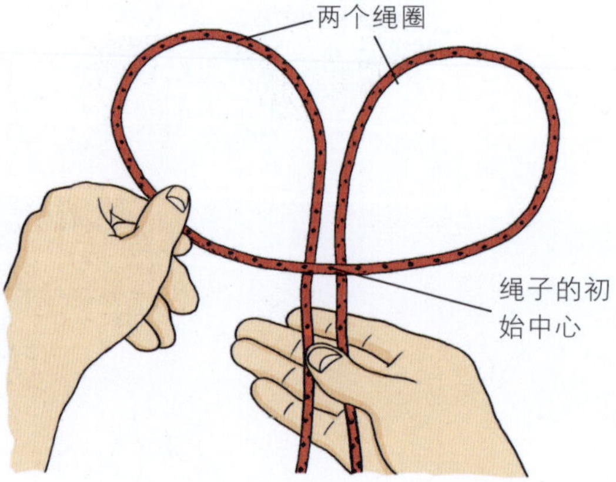

①将绳子从中间对折，平放在桌子上。按照图示折叠绳子，制造出两个大小相同的“耳朵”。

贝尔的话

古希腊人用瓶口结来拴罐子和瓶子，也用它来当吊索。

②让右绳圈稍微重叠在左绳圈上，右绳圈在上。初始中心应在两绳圈交叉处的上方。

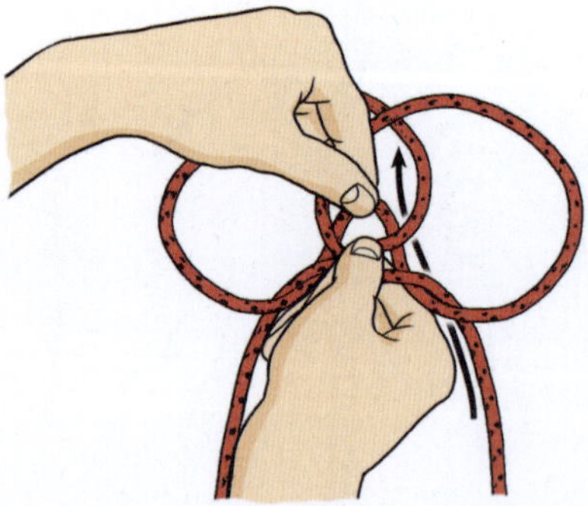

③稳定住桌子上的绳索，将初始中心放到下交叉处下方，并将其拉过该交叉处。

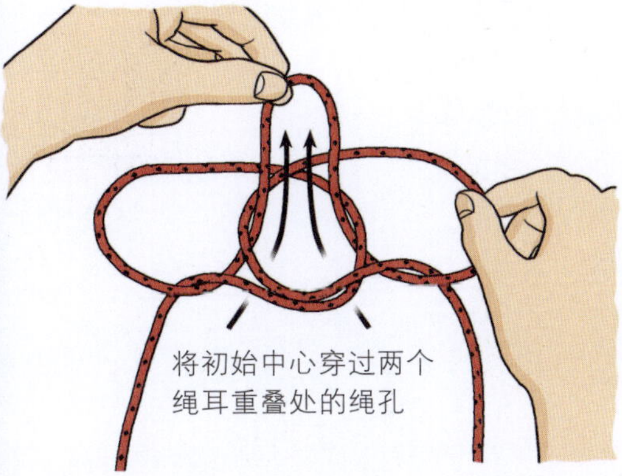

4 将初始中心穿过两个绳耳重叠处的绳孔并向上拉，在顶部制造一个新的绳耳。

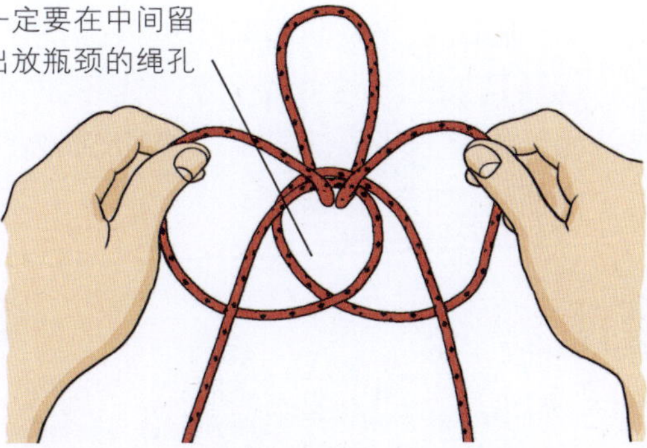

5 用双手同时翻转位于下方的两个绳耳，让顶部的绳耳翻到另一边。

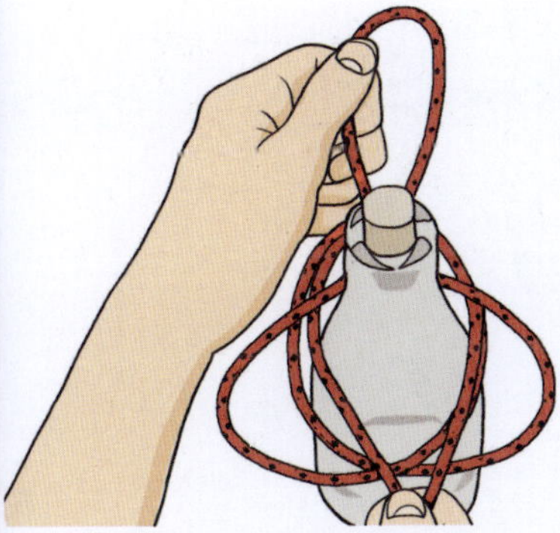

6 小心地拿起绳结，将瓶颈穿入中间的绳孔，均匀用力拉紧。

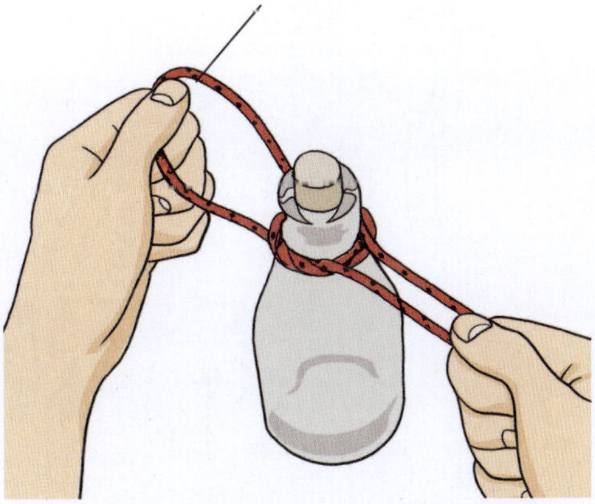

7 调整绳结，使其紧贴瓶颈。还可以将绳子两头捆成垂钓结或 8 字结，制造出第二个提手。

锚结

锚结是一种非常牢固的绳结。打绳结的最后一步通常是加上一个半结。打绳结的时候可以使用弹力绳，但弹力绳没法打紧“旋圆双半结”，虽然后面这种绳结很容易完成。

扫一扫，看视频
学打锚结

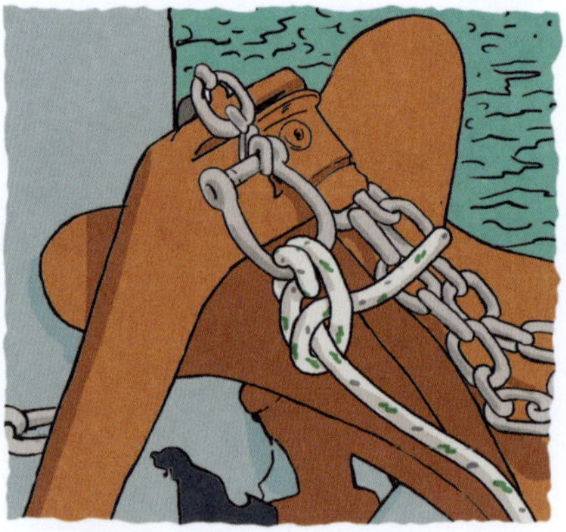

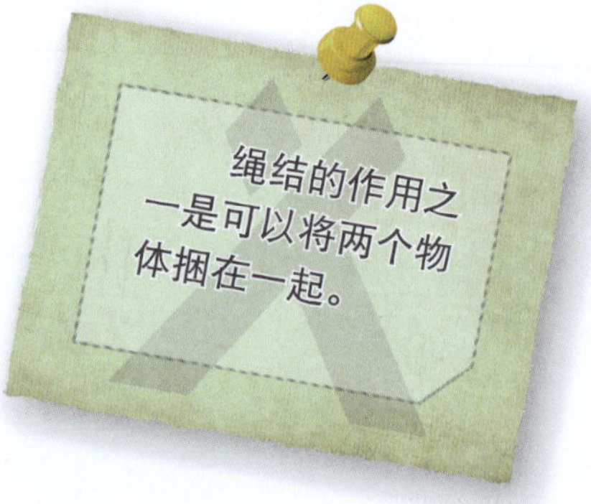

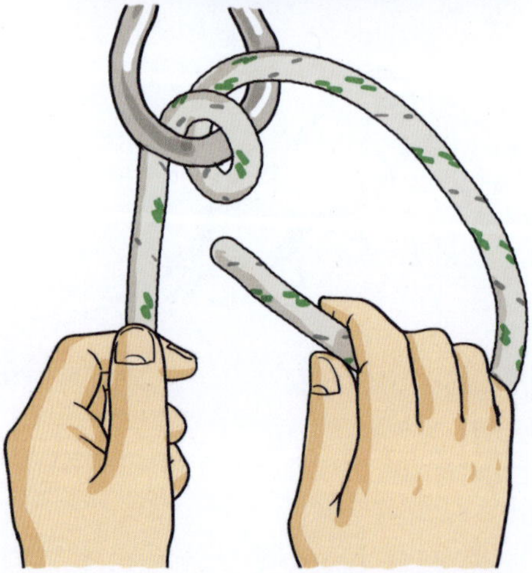

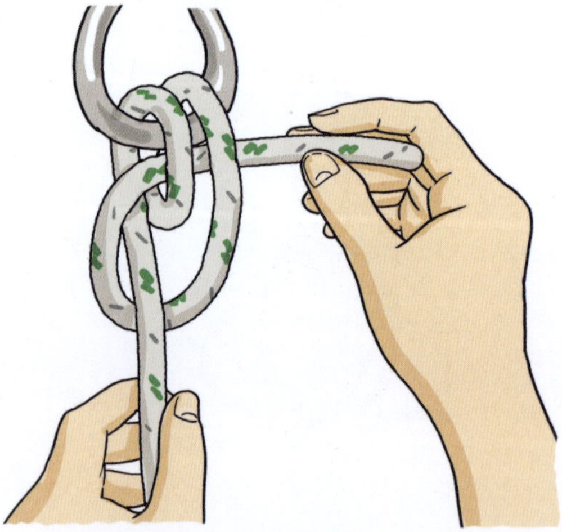

1 将绳子在环上绕两圈，方向为从后到前，从左到右。不要拉紧，因为要先将打结端穿过绳圈。

2 将打结端绕到固定端后面，然后拉到前方并向右穿过两个绳圈。

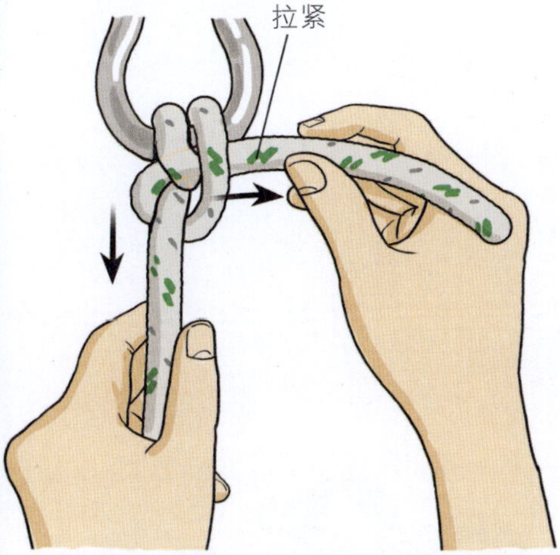

3 拉紧固定端和打结端，完成锚结，但通常还要加上一个半结。

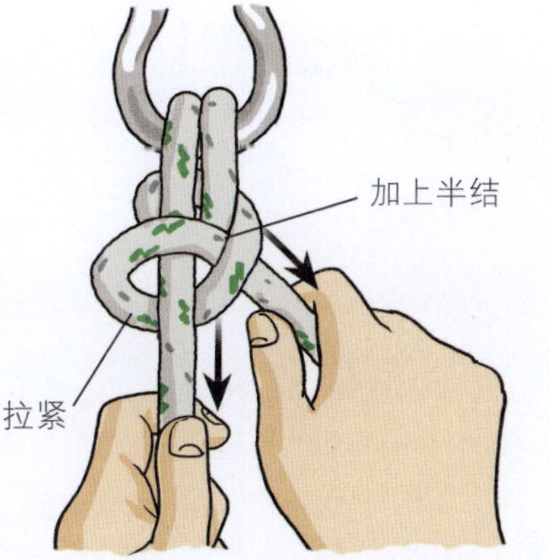

4 再将打结端绕到固定端后面，然后拉到前方打结。尽量拉紧打结端。

旋圆双半结

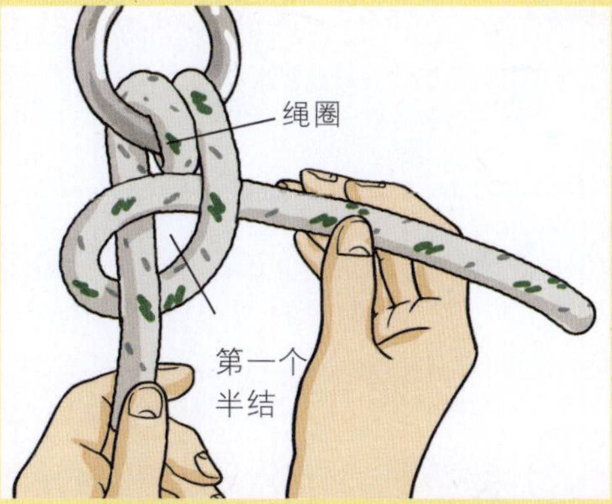

1 和锚结第一步一样打出两个绳圈。让打结端从固定端后面绕到前面，打出第一个半结。拉紧绳结。

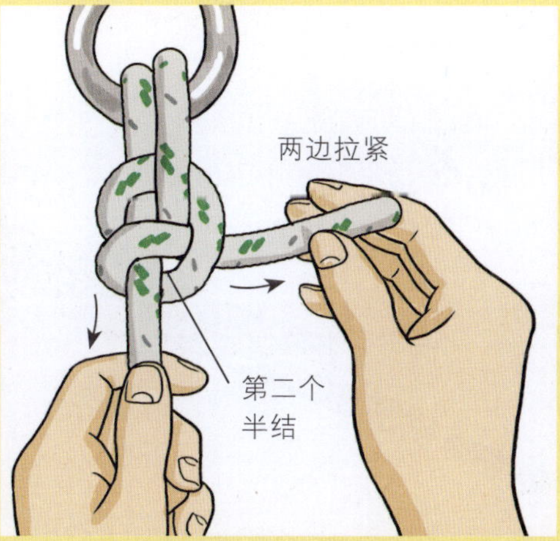

2 再以同样的方式打出第二个半结。

双渔人结

这是将两根绳子安全地绑在一起的最佳选择之一，而且也很适合登山时的长距离下降。首先将两根绳子末端1米长的部分平行放在一起，绳尾方向相反。

扫一扫，看视频
学打双渔人结

1 将一根绳子的末端在另一根绳子上绕两圈，再将末端反向从绳圈中穿过，远离绳结的中心。两根绳子都要完成这一步。

2 上一步制造出了两个 X 形，拉紧两根绳子时会将它们推挤在一起。

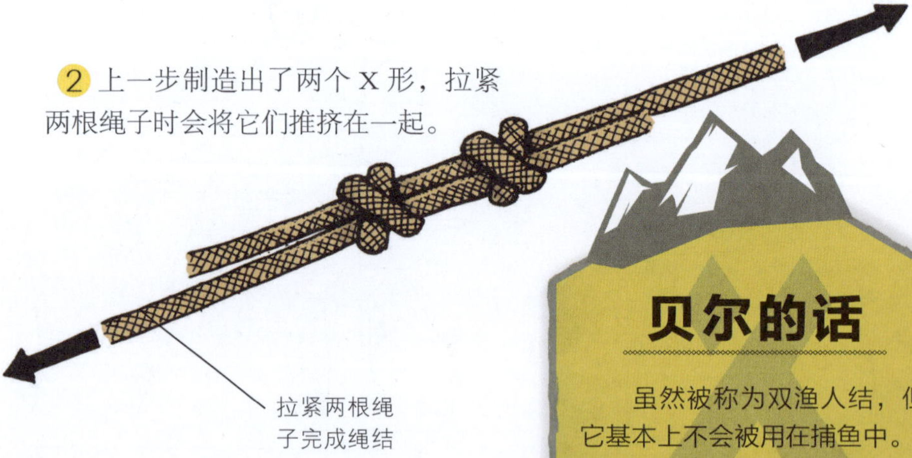

贝尔的话

虽然被称为双渔人结，但它基本上不会被用在捕鱼中。

普鲁士抓结

普鲁士抓结是在绳子上悬挂重物的绝佳绳结类型。不承重的时候它可以在绳子上滑动，但有向下的力量时就会固定在某一点。攀爬绳子的时候通常会使用两个普鲁士抓结（一个用在脚上，一个拴在安全绳上）。

扫一扫，看视频
学打普鲁士抓结

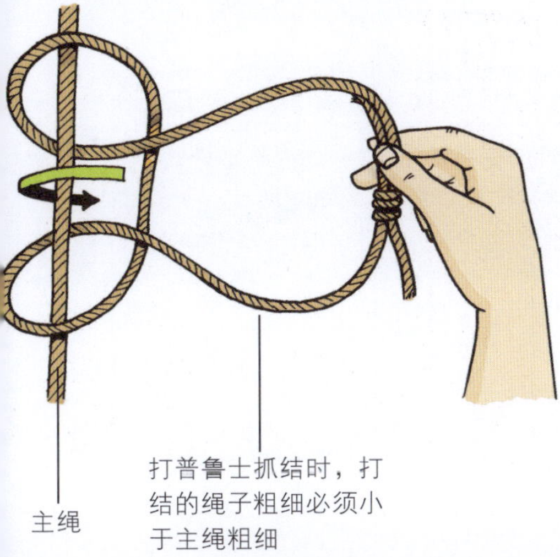

1 用绳圈按照箭头方向绕过主绳，再将绕过的一头穿回绳圈里。

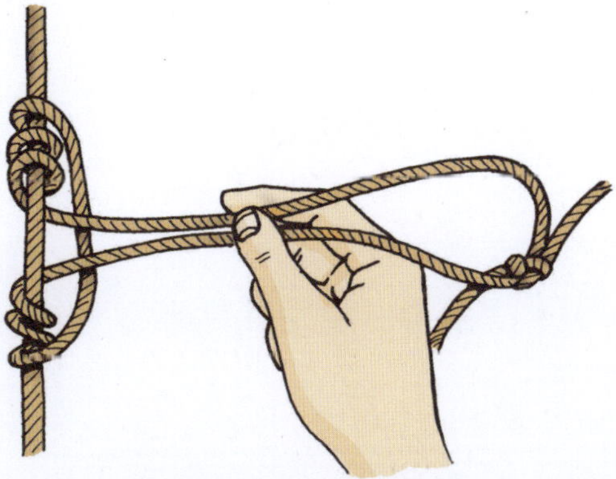

2 重复两次，让中间绳身的两边都有三重绳圈。

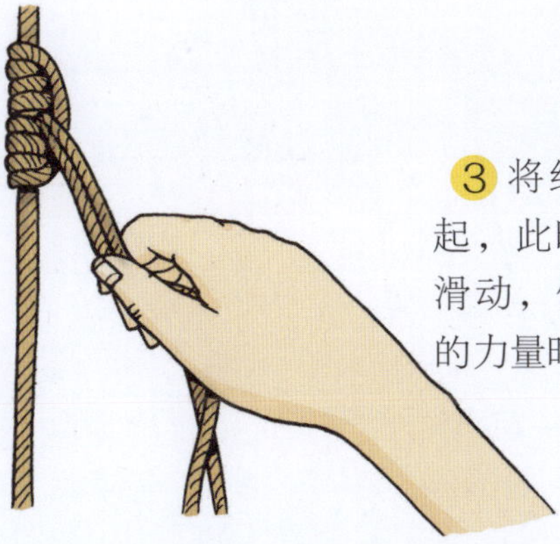

3 将绳圈拉到一起，此时绳结可以滑动，但受到向下的力量时就会固定。

当我们需要在绳索上悬挂重物的时候就得打好绳结，要求绳结必须牢固的时候要谨慎选择绳结类型。

双套结

双套结又称“猪蹄扣”，这种绳结易学而且可以迅速完成，可用于在杆子或登山扣上绑绳子。它可以在光滑的表面上滑动。绳结两边都可以承重。下文的第一步和第二步展示了用打结端捆绑成双套结的方法。“徒手法”也可以利用绳耳打结，此时绳子的任何部分都可以使用。

扫一扫，看视频
学打双套结

1 打结端从前向后绕横杆一圈，然后将绕回前方的打结端向左拉，与刚才的绳圈重叠。

2 打结端从横杆后方绕到前方，末端从前方绳索的下面穿过，与第一个绳圈交叉并拉向上方。这样就完成了两个半结。拉紧末端。

双套结的另一种打法

不方便使用绳子末端的时候也可以用本法打出双套结。

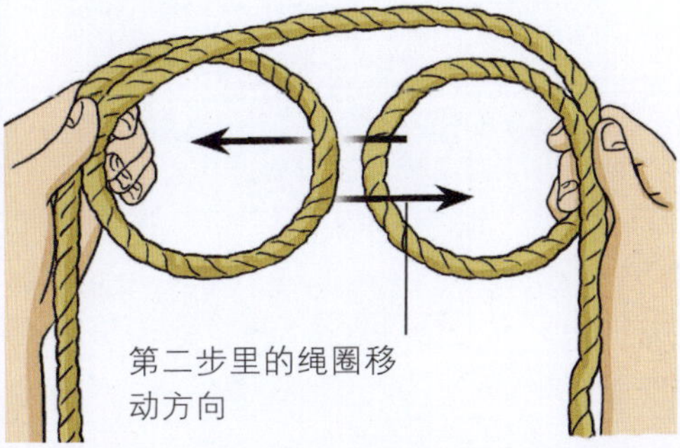

1 首先做出两个连续的反手圈。

2 让左边的绳圈压在右边的绳圈上。

3 左手手指穿过两个绳圈的中心，从侧面看的时候可以看出两个半结。形式和上一页的第二步一样。

4 将两个半结挪到杆子上并拉紧。

登山扣用的双套结

双套结也可以在登山中使用，比如需要从高处安全地往下缒登山用具时。双套结虽然增大了绳子上的摩擦力，但绳子在打过结之后依然可以滑动，因此可以用双套结来代替“保护站”。

贝尔的话

双套结也被称为丁香结。这是童子军里最常使用的绳结之一，尝试一下吧！

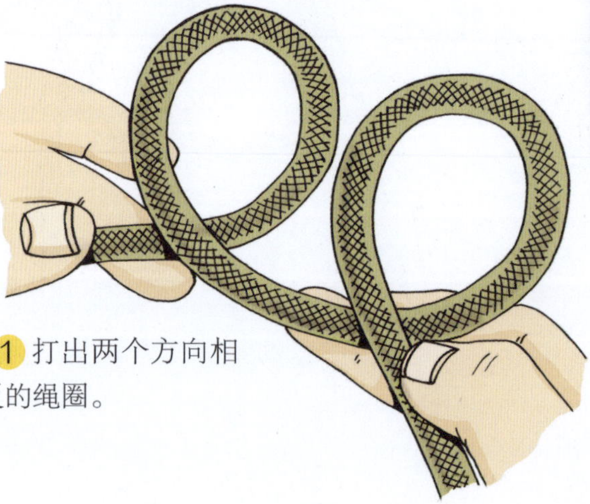

1 打出两个方向相反的绳圈。

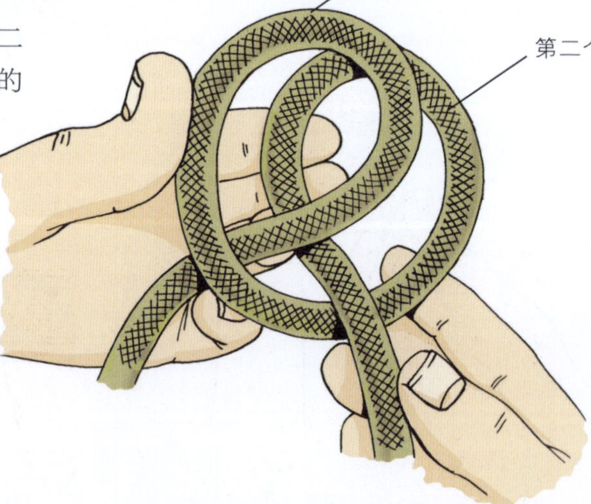

2 把第一个绳圈放到第二个绳圈的上面，两个绳圈的绳尾都位于绳结中间。

3 用登山扣穿过两个绳圈。这种结异常结实。

意大利半扣

用这种绳结可以从高处安全地将登山用具往下缒。虽然意大利半扣增大了绳子上的摩擦力，但绳子在打结后依然可以滑动，因此可以用它来代替“保护站”。

扫一扫，看视频
学打意大利半扣

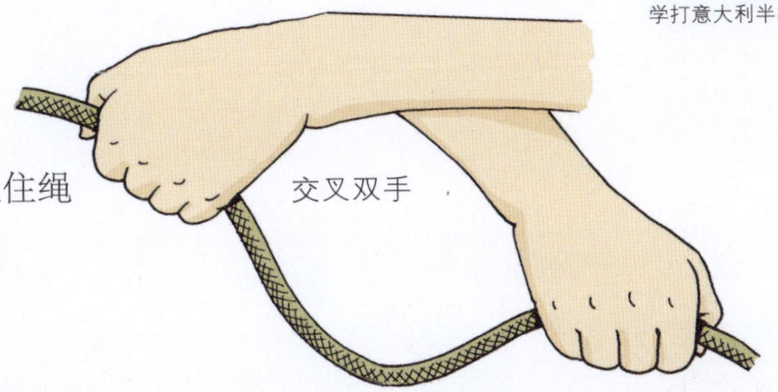

1 双手交叉抓住绳子，掌心向下。

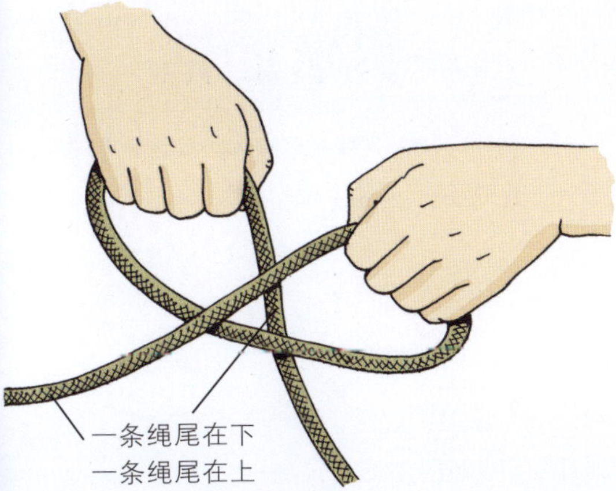

2 双手不再交叉，将绳子扭成两个绳圈。

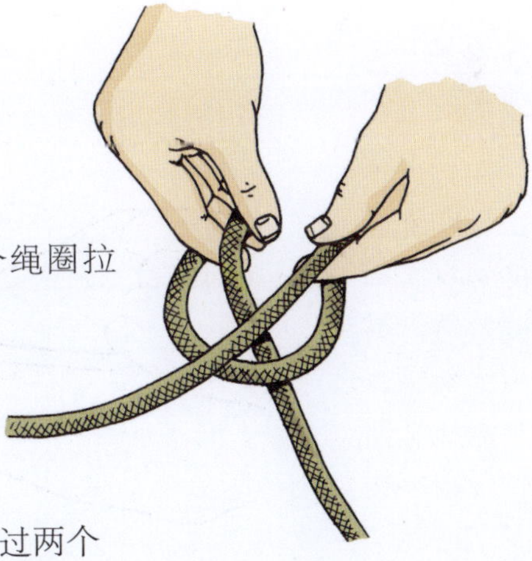

3 将两个绳圈拉到一起。

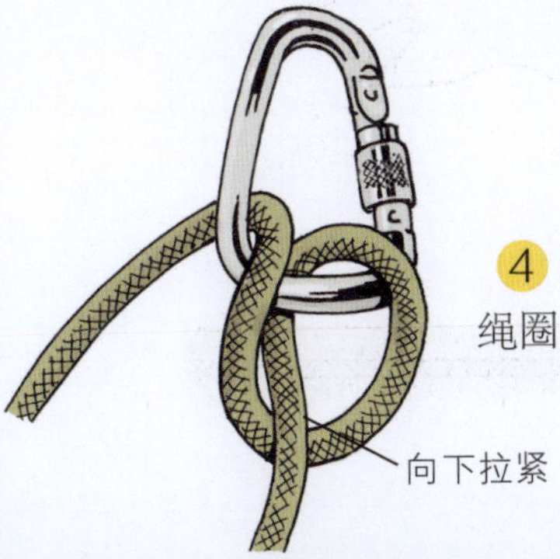

4 用登山扣穿过两个绳圈。

桩结

桩结可以用于将小船拴到桩子上，或将锚链拴到系船柱上。打此绳结时既可以用绳身，也可以用绳子末端。打结端的长度取决于桩子的粗细。解开时要将绳圈拉大至可以将绳子从桩子上取下来。

扫一扫，看视频学打桩结

贝尔的话

打绳结的过程中注意不要从另一头拉绳结。

1 留出足以绕桩子数圈的绳身。一手抓住固定端，另一只手将绳圈绕在桩子上，缠绕时要让绳圈位于固定端下方。

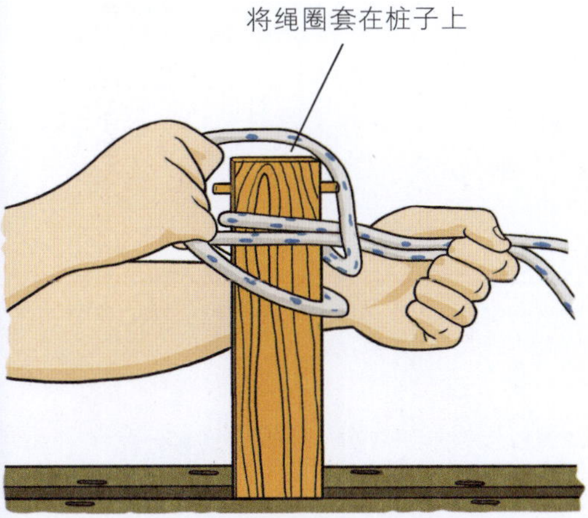

2 拉大绳圈，将其套到桩子上。

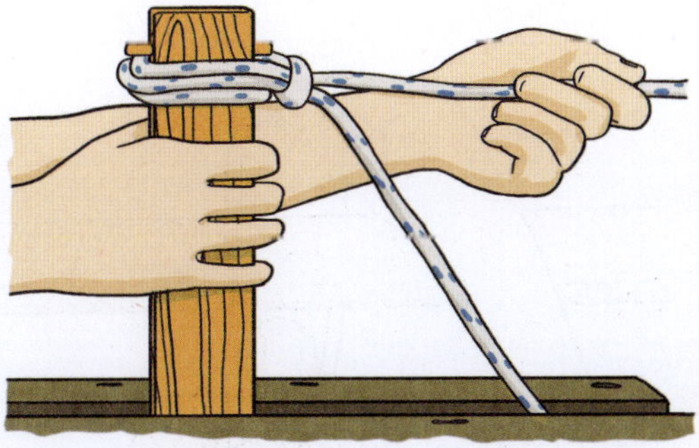

3 从两条绳尾均匀用力拉紧绳结。如果绳子卡住，没法均匀地在桩子上拉紧，那就必须加以调整，但注意不要弄伤手指。

双挽桩结

双挽桩结非常牢固，但解开的方法稍显复杂。

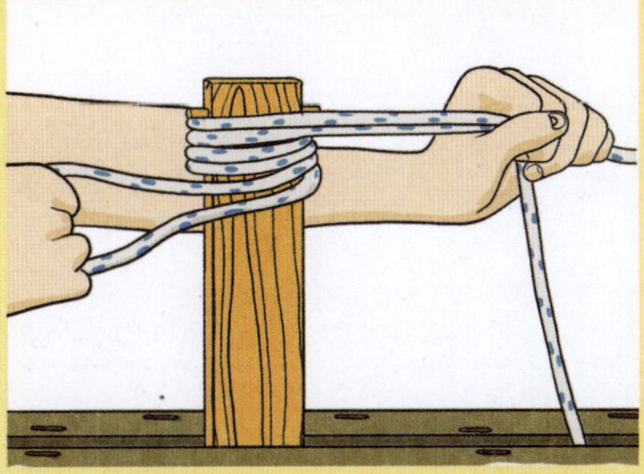

1 完成桩结的第一步后，在桩子上多绕一圈绳耳之后再将绳耳套到桩子上。第二圈要在第一圈下方。

2 按桩结的第三步调整绳结。打这两种绳结的时候都要确保在套上绳耳之前拉住两条绳尾，这样才能把两条绳尾都拉紧。

牧童结

牧童结非常实用，因为一拉打结端就可以马上解开。不过在能迅速解开的绳结类型中，牧童结不算十分牢固。

扫一扫，看视频学打牧童结

贝尔的话

对于攀岩和登山而言，牧童结不够牢固。

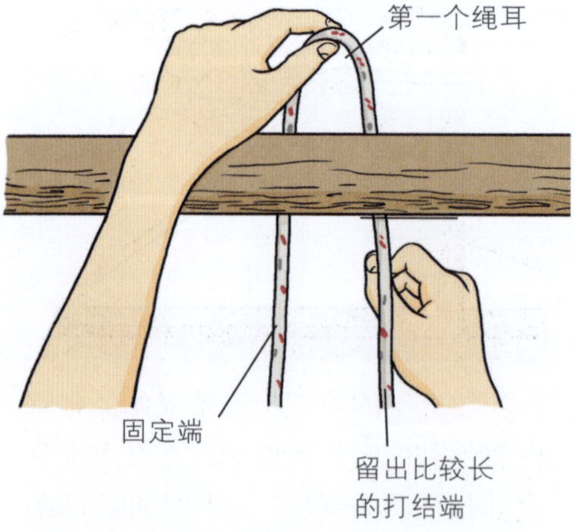

1 用左手拉出一个长绳耳，让打结端位于固定端右边。将绳耳放到横杆后面。

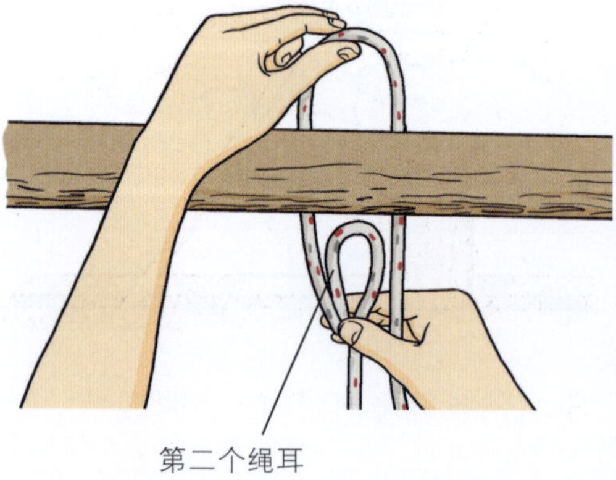

2 用右手在固定端做出第二个绳耳，剩余的固定端位于新绳耳右边。

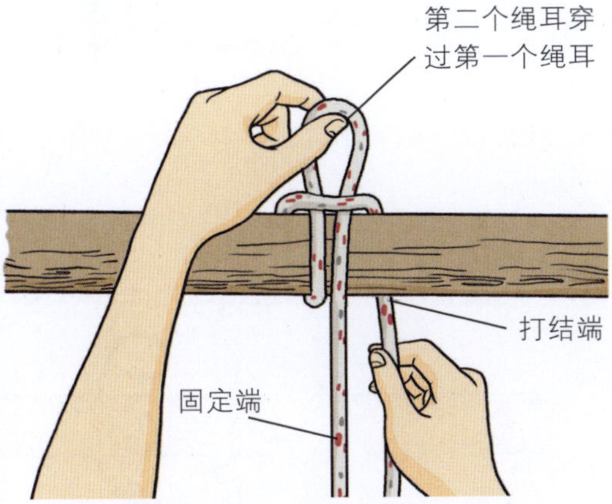

3 将第二个绳耳穿过第一个绳耳，用左手固定。拉动打结端，绑紧第二个绳耳。

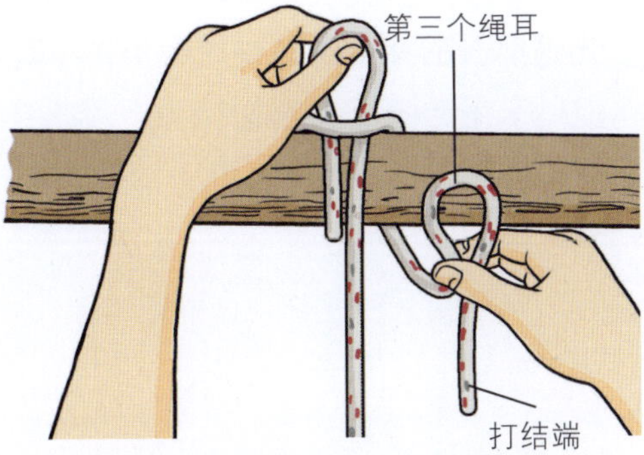

4 用右手在打结端上做出第三个绳耳，打结端位于其右方。

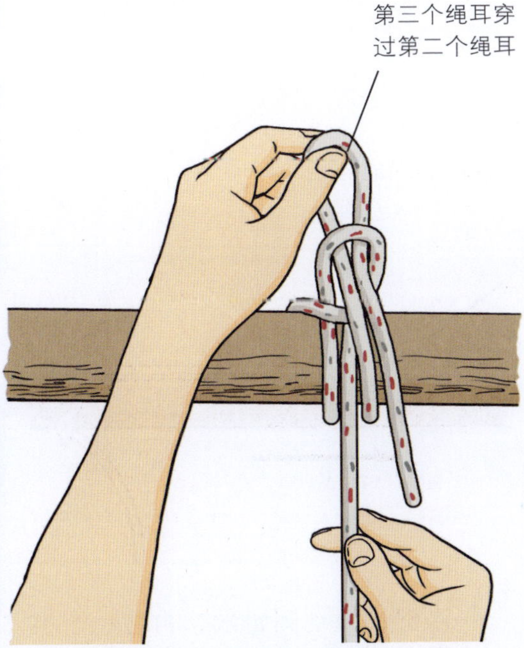

5 将第三个绳耳穿过第二个绳耳，此时横杆上已没有松开的绳子。

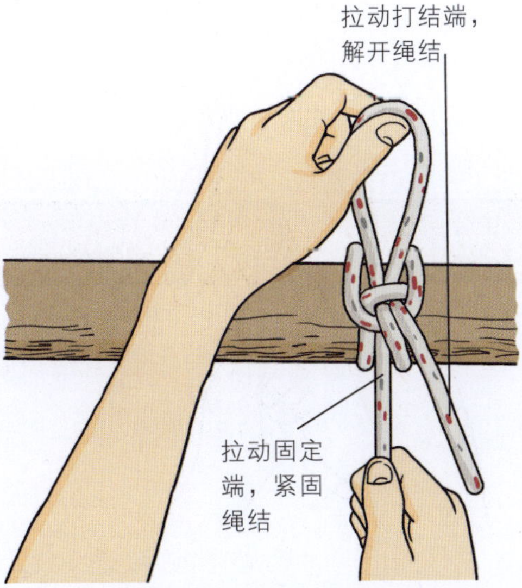

6 拉动固定端，使第三个绳耳紧压在第二个绳耳内。解开的时候拉动打结端就可以让绳结滑开。

圆材结

也称拉柴结。用圆材结能够轻松地将绳子绑在圆杆上。打在重心处的圆材结可以用来吊起圆杆。圆材结可以用来在地上或水面上拖动木材。圆材结也可以用来在琴桥上绑尼龙绳。

扫一扫，看视频学打圆材结

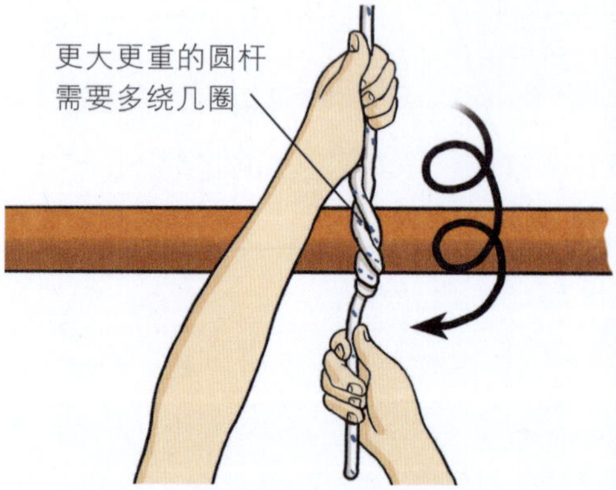

②打结端在绳圈上绕一圈、两圈或三圈。拉住固定端，将打结端推向圆杆并拉紧。

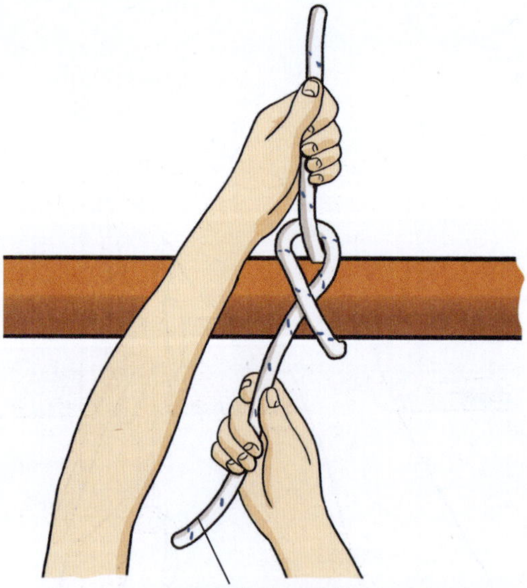

①从后往前在圆杆上绕一个松散的圈。将打结端从固定端后方绕过，再从前方穿入绳圈。

圆材结加半结

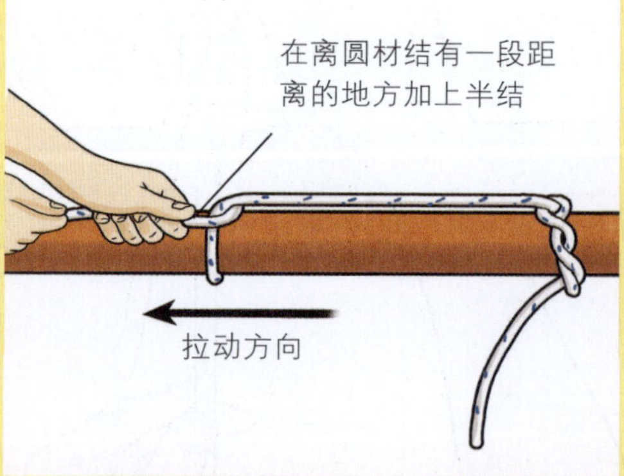

沿圆杆拉动固定端，再打一个半结。在靠近绳尾的地方打结，让绳结在拖动圆杆的时候更牢固，但太靠近绳尾会让绳结滑脱。

轮结

又称三套结。在圆杆或更粗的绳子上绑上轮结之后，就可以为它们加载与圆杆成45—90度角方向的负载。负载的方向决定了打结的方式。本页所示的轮结承受的是来自右方的负载。

扫一扫，看视频
学打轮结

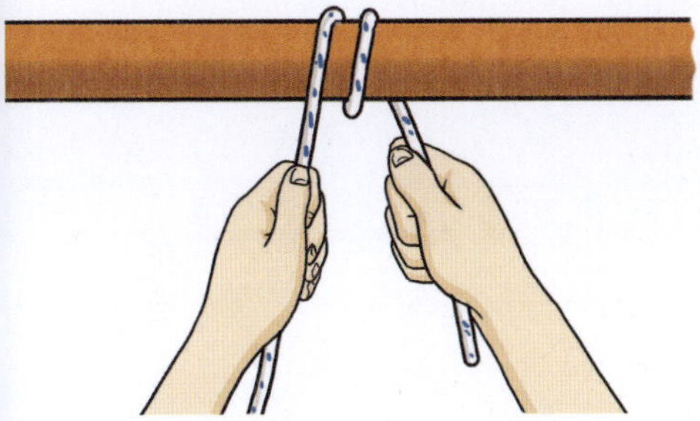

1 先用绳子越过圆杆上方，从后方开始向右边绕圈。

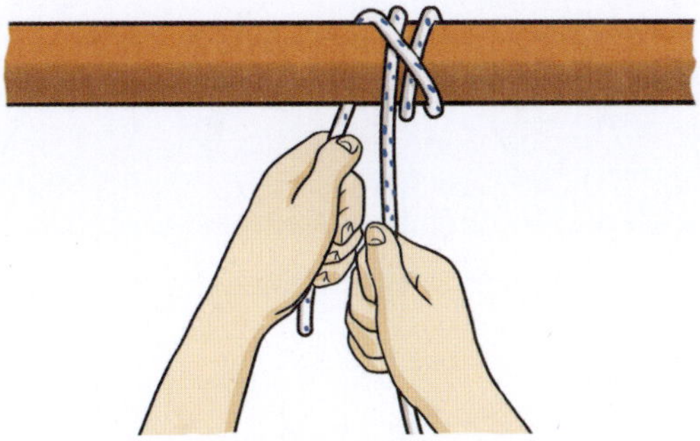

2 将打结端向左斜着绕过两个绳圈，然后绕到圆杆后方。

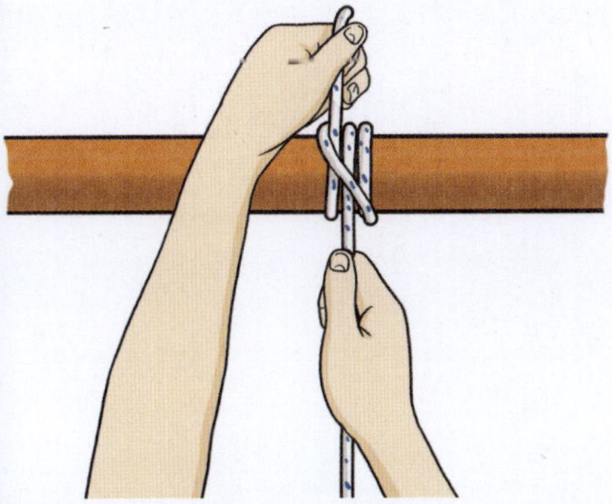

3 将打结端穿过前方的斜向绳圈。注意轮结实际上是在右边额外加了一个绳圈的双套结。

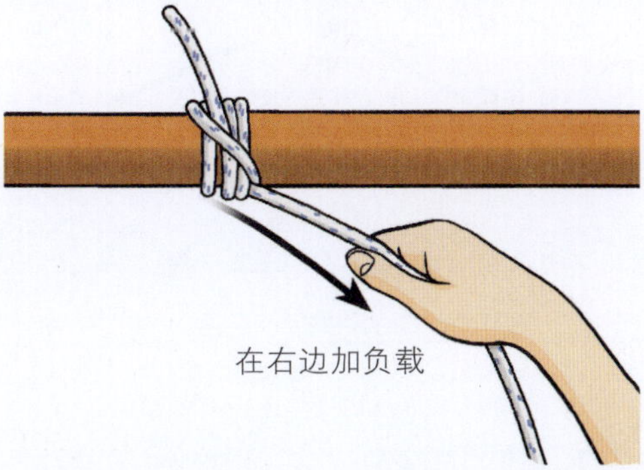

4 拉紧绳两端。负载可以放在右边。要在左边加负载的时候，第一步改成从右到左打结。

拉绳结

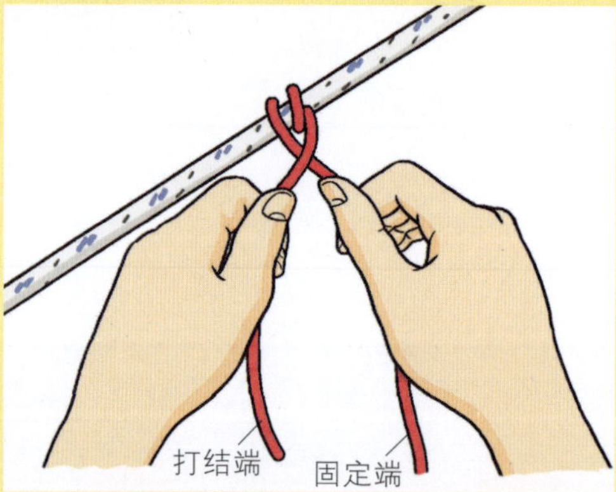

1 打绳结用的绳子的粗细至少是拉紧绳的一半。完成轮结的第一步，将打结端从固定端上面拉向左边。

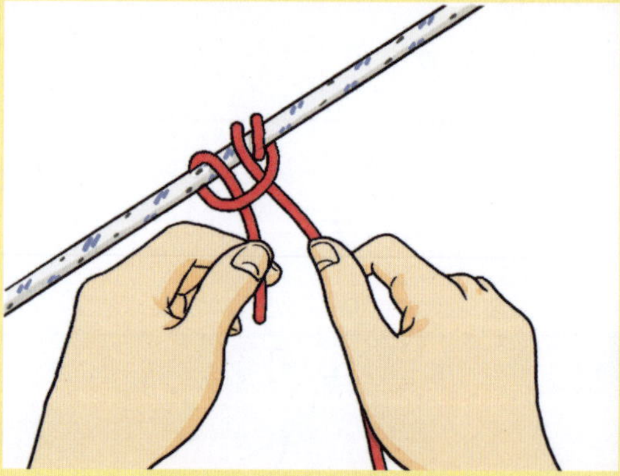

2 将打结端从后方向上绕到前方，从自身下方穿过，平行于固定端。这种结很像多加了一圈的双合结。

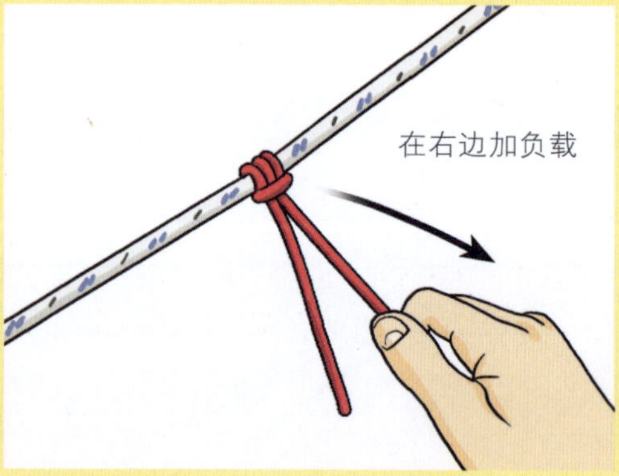

3 拉动两端紧固绳结。和轮结一样，负载位于右边。

贝尔的话

拉绳结和轮结十分相似，适合用来在拉紧的绳子上绑另一条绳子。

车夫结

车夫结在打紧之后还能继续拉动，因此很适合用于绑帐篷桩或在拖车上绑东西。这种绳结有杠杆作用，绳子可长可短，可以自由收缩。

扫一扫，看视频学打车夫结

贝尔的话

车夫结也叫作多莉结或瓦格纳结。

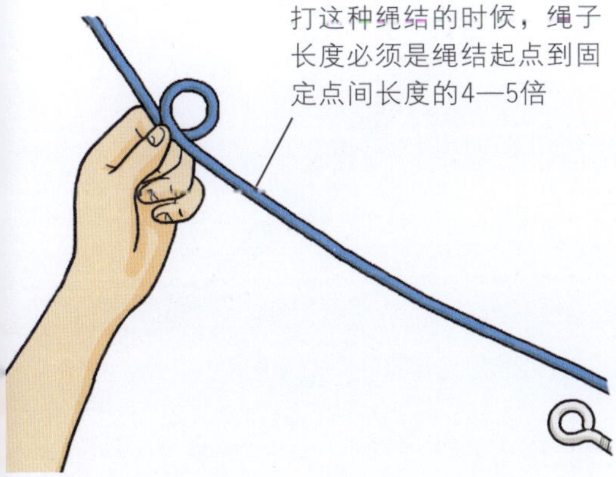

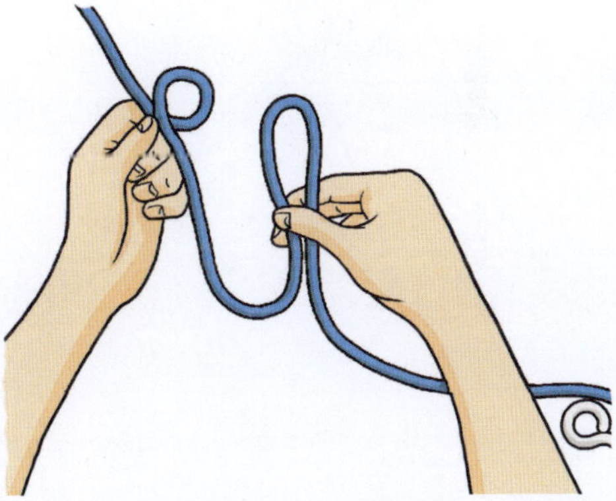

1 首先把固定端系到高处的固定点上。逆时针转动，做出一个小小的反手圈，用左手拿稳。

2 右手在打结端做出绳耳，长度应为绳结起点到固定点间长度的一半左右。

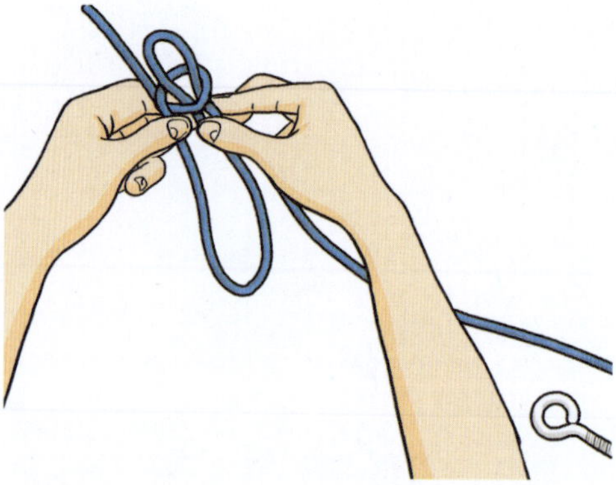

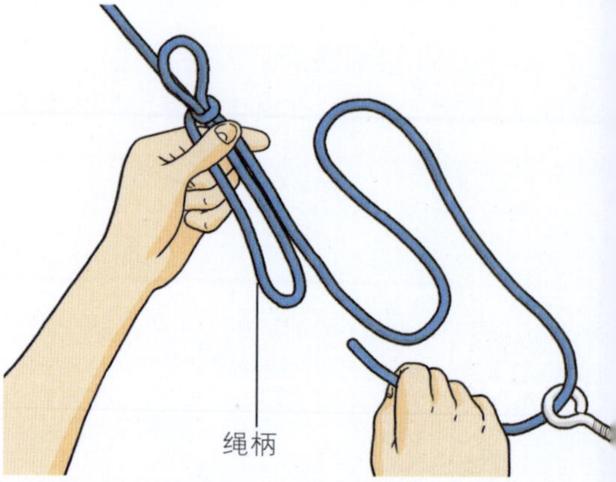

3 将绳耳从下方穿入反手圈，穿入绳耳 1/5 的长度即可。左手拿稳绳耳和反手圈。

4 此时会形成一个位置较低的新绳耳，即绳柄。将打结端向下穿过低处的固定点。

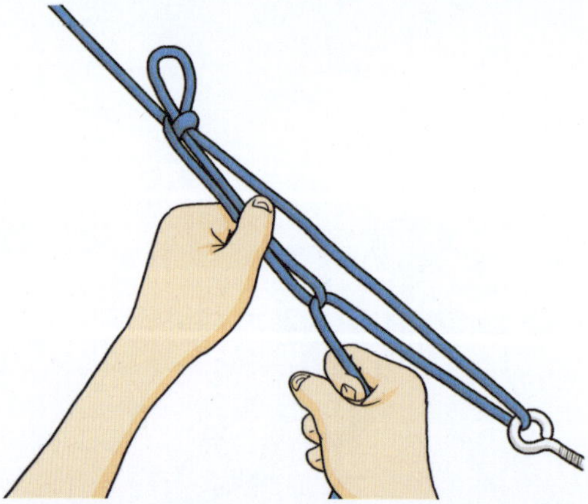

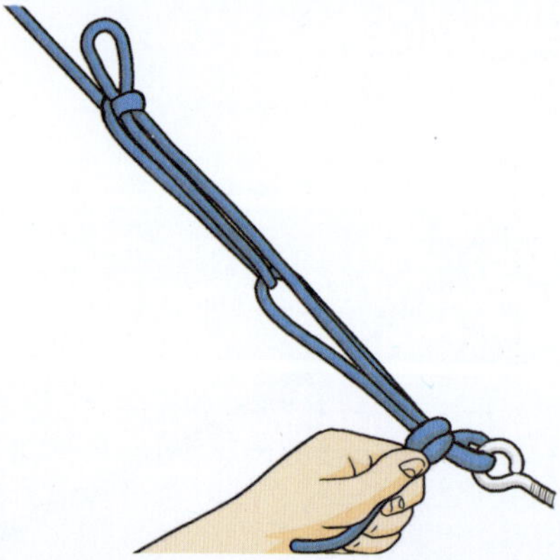

5 让打结端从后向前穿过绳柄，下拉打结端。绳圈会挂住绳耳，此时可以松开左手。

6 按需拉紧绳尾，在固定点上方打几个半结。打车夫结需要多加练习才能掌握。

方回结

方回结是用捆扎法打成的一种绳结。使用方回结可以让人比较轻松地把两根杆子以直角交叉方式绑在一起。要注意拉力和绳圈的数量，因为绳结的强度必须足以稳定住杆子，但不能紧到让它们弯曲。

扫一扫，看视频
学打方回结

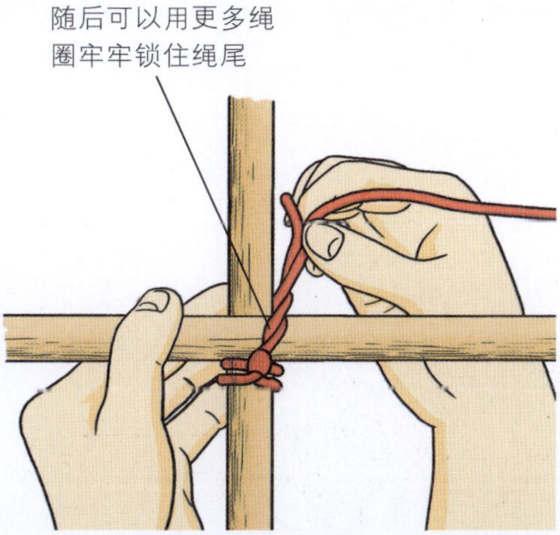

1 在竖杆上打一个双套结。将绳尾和固定端绕在一起，横杆放到竖杆上面，将绳尾从两根杆子上方向右拉。

贝尔的话

想要把杆子绑在一起的时候可以使用方回结。这种绳结在营地里做椅子和桌子的时候十分实用。

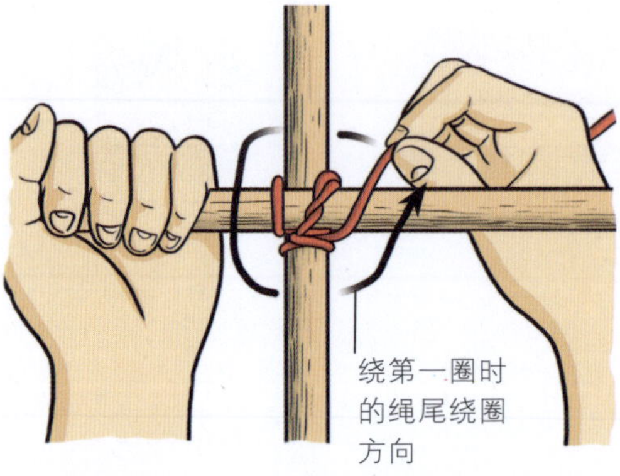

2 始终拉紧绳子，让绳子从竖杆上段的后面绕过，然后从左侧横杆前面向下拉绳子，最后将绳子从竖杆下段后面绕到右侧横杆前面。

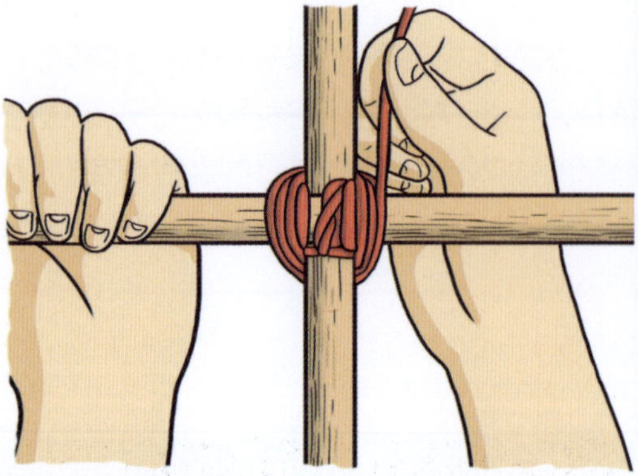

3 重复绕圈 4 次。绕圈次数取决于杆子的直径和绳子的粗细。

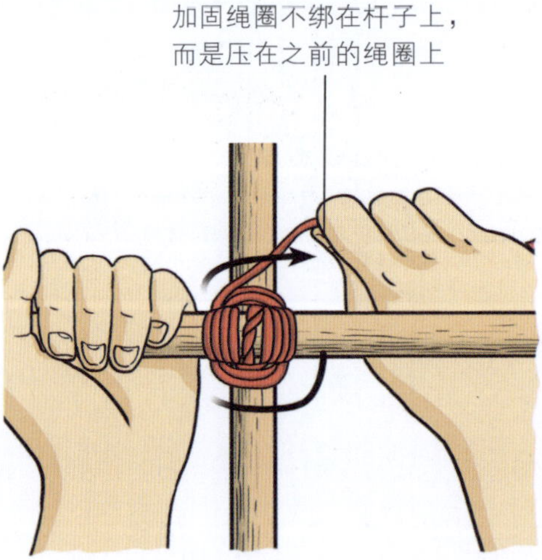

4 开始绕加固绳圈，在右边的横杆上绕一圈，然后在两根杆子上顺时针绕 3 或 4 圈。

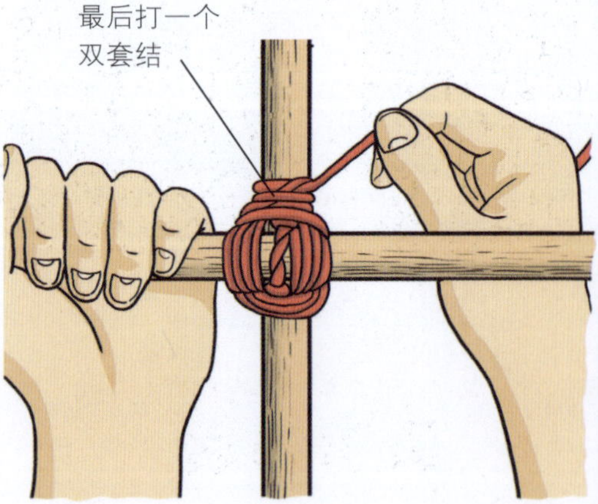

5 在左上方停止绕圈并紧紧打一个双套结，以免绳结在受力时滑动或转动。

十字结

十字结用于捆绑两根交叉的杆子，交叉角度不一定是直角，因为最初打出的圆材结可以在不改变两者位置的情况下把它们绑在一起。但杆子固定不牢的时候很难保证角度不发生变化。

扫一扫，看视频
学打十字结

十字结需要的拉力小于方回结，但杆子滑脱的可能性更小

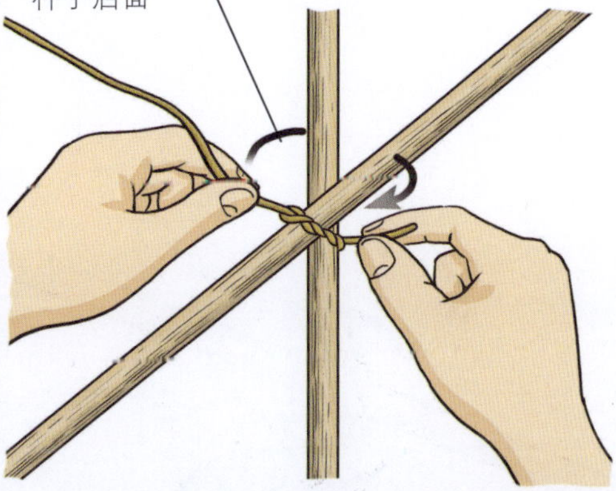

1 首先在两根杆子交叉处的钝角上打一个圆材结。拉紧绳结，让绳子绕到杆子后方。

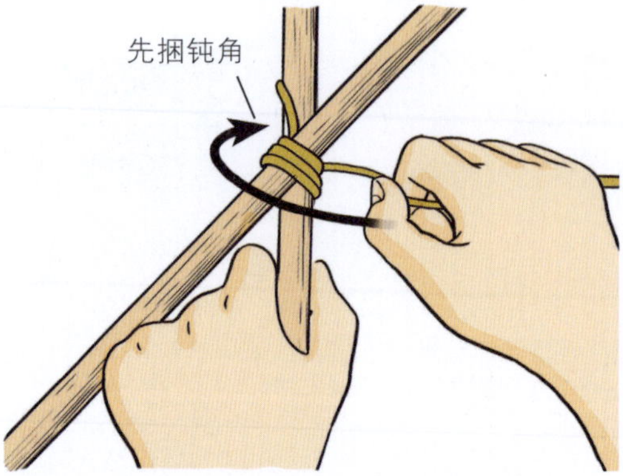

② 将绳子从绳结上面绕过并拉紧，重复四五次。除非杆子本身已经固定，否则绕得越紧，两根杆子间的夹角越大。

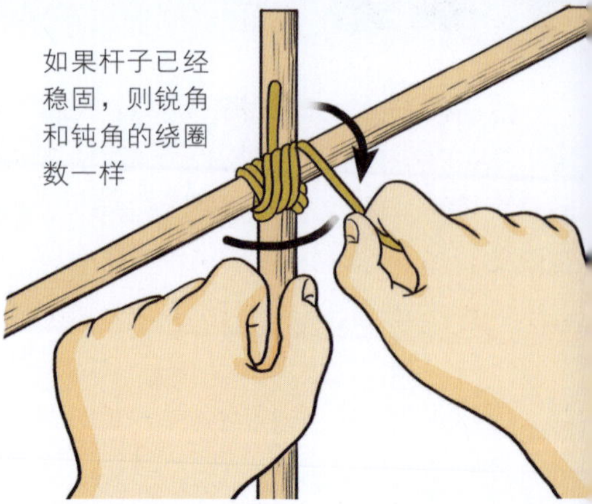

③ 现在缠绕锐角。如果杆子尚未稳固，那就可以继续施加压力并绕线，直到角度令人满意。

④ 逆时针绕线，从上段竖杆前面穿到横杆左段后面，再从下段竖杆前面穿过，最后绕到横杆右段后面。

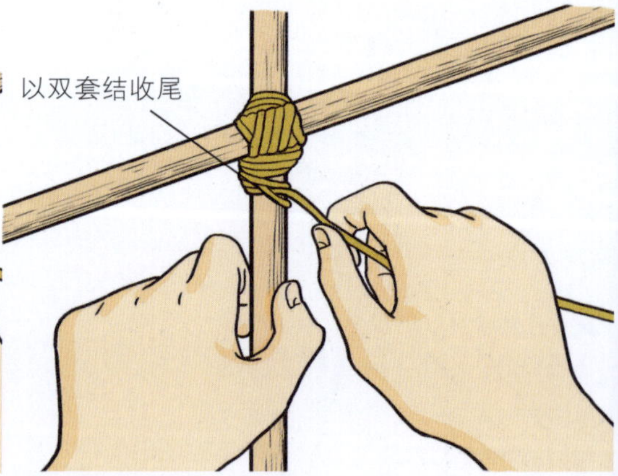

⑤ 最后在一根杆子上打一个双套结，要对准加固绳圈的末端，以免绳结在受力时滑脱或转动。

剪立编结

用剪立编结可以将两根杆子捆在一起，让它们更加稳固。将两根杆子末端交叠捆绑起来就能制造出更长的杆子。捆得比较松的时候可以制作出一个A字形框架结。图中的两根杆子略有分离，所以可以相互分开。A字形框架也被称为三脚架，可以用于搭帐篷或单坡棚。

扫一扫，看视频学打剪立编结

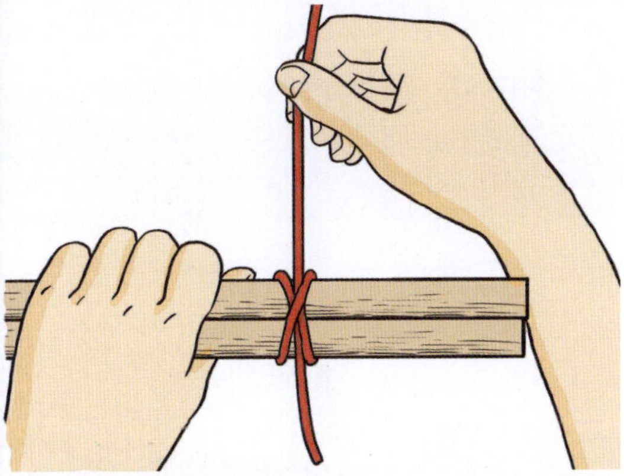

1 将两根杆子并排放置，用双套结捆在一起。短端的长度要足以被固定在绳圈下方。

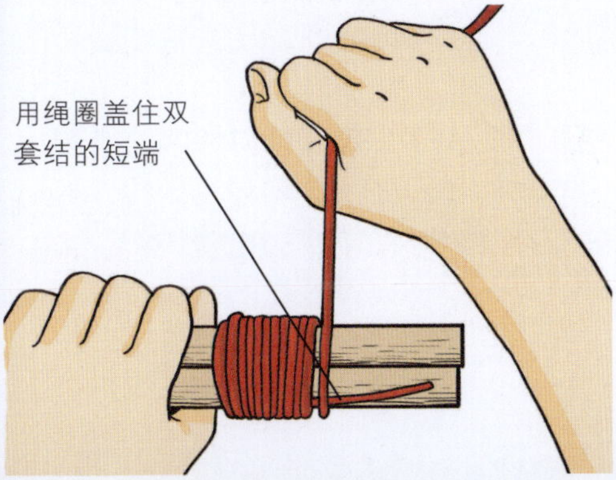

2 开始绕圈，制造A字形框架所需的力小于捆绑两根杆子的力。一般来说，捆绑长度至少要和两根杆子的宽度相等。

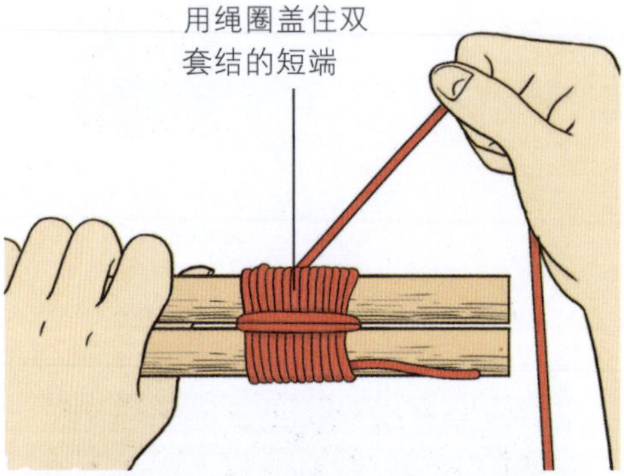

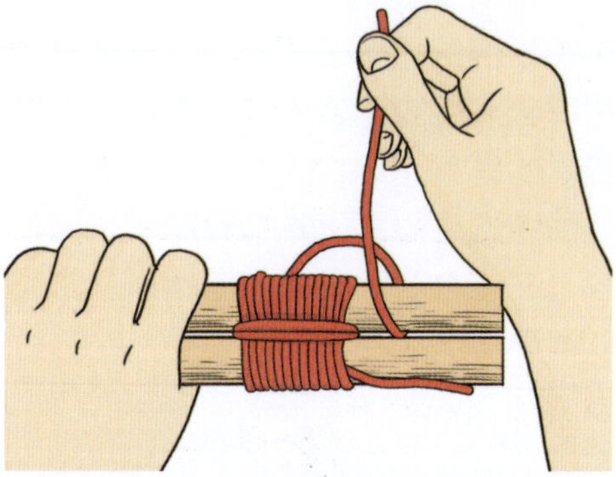

3 开始绕固定绳圈，将绳索从两根杆子之间拉到后面再绕回前面。从杆子之间缠住已经打出的绳圈。

4 在第一个双套结的另一端再打一个双套结，但这次只在一根杆子上打结。结必须打紧，并且紧贴绳圈。

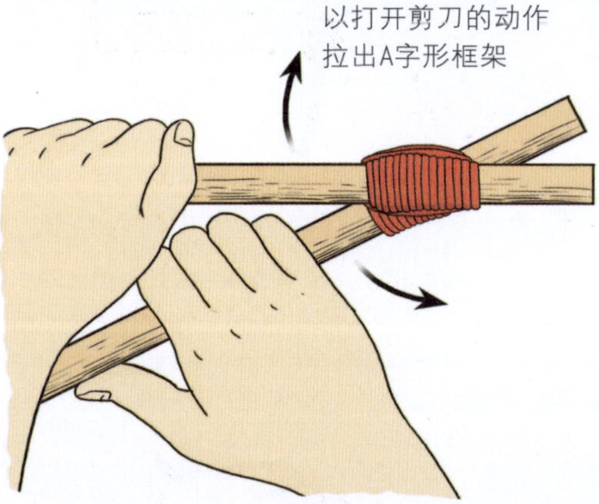

5 如果想要把杆子绑在一起加固或延长杆子，那绳圈就要缠绕得更紧，不打加固绳圈，直接用绑住两根杆子的双套结作为结尾。

6 需要 A 字形框架的时候用打开剪刀的动作分开杆子，均匀用力拉开绳结。可以练习如何适当用力。

三脚架编结

三脚架编结的打法有很多种，但采用下面介绍的打法可以将三根棍子捆成一排，到了现场再拉成三脚架。使用完毕后还可以将棍子再次收拢成一排带走，另一头用临时绳结捆住即可（比如捆杆结）。但这种打法不能在底部形成完美的三角形。和剪立编结一样，三根棍子分开的角度取决于绳结的长度和紧度，以及绳索的弹性。

扫一扫，看视频
学打三脚架编结

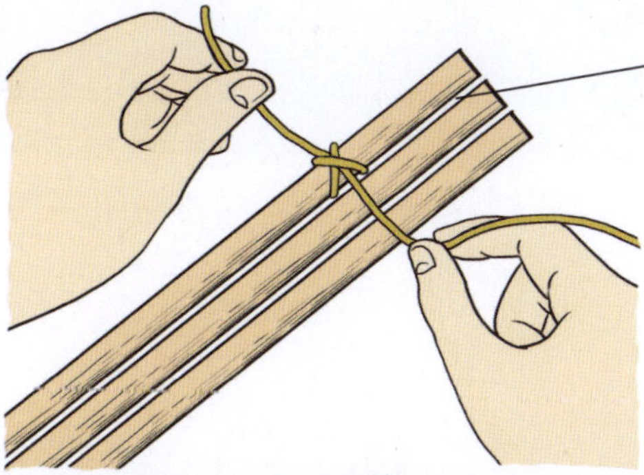

1 将三根棍子并排放在一起，确保放在地面的一端平齐。在与顶端距离合适的地方打一个双套结。

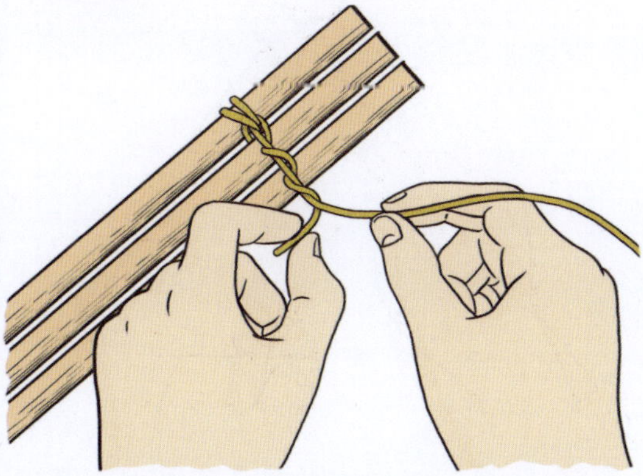

2 将双套结的短端和打结端绕在一起，让两根绳尾朝向打结者的方向越过三根棍子。这样有助于锁死双套结和绳尾。

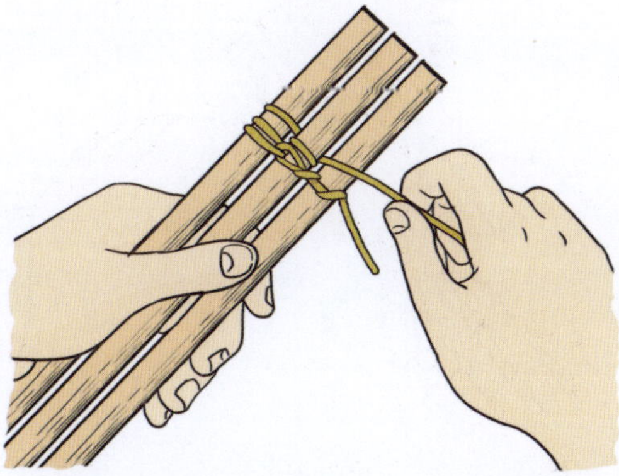

3 在棍子间缠绕绳线：从最下面的棍子的下方绕到中间棍子的上面，再绕到上方棍子的下面，打一个圈后绕到中间棍子的下面，最后绕到下方棍子的上面。

横向绳圈大约绕出两根棍子的宽度。在上面
那根棍子后面停止绕圈，开始绕加固绳圈

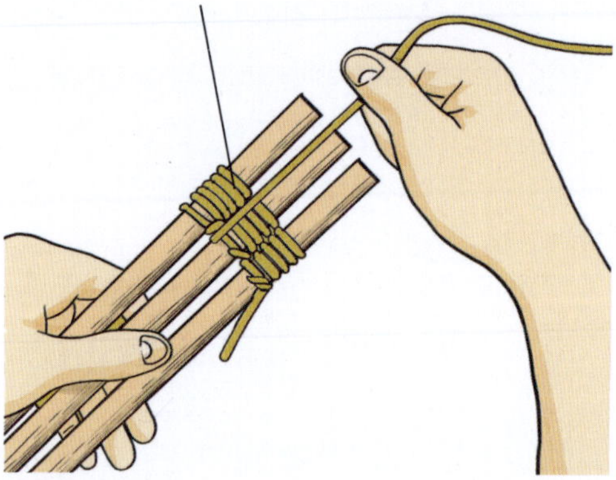

4 开始缠绕加固绳圈，首先将绳索放在上方那根棍子的前面，再从上方和中间两根棍子之间绕到背面。将已经绕好的绳圈竖向绕几圈。

5 将绳索放到中间棍子的后面，然后绕到中间和下方棍子的中间。沿着与刚才加固绳圈相反的方向再绕一组加固绳圈。

6 最后在下方的棍子上打一个双套结。加固绳圈必须直接打双套结，以免滑动。

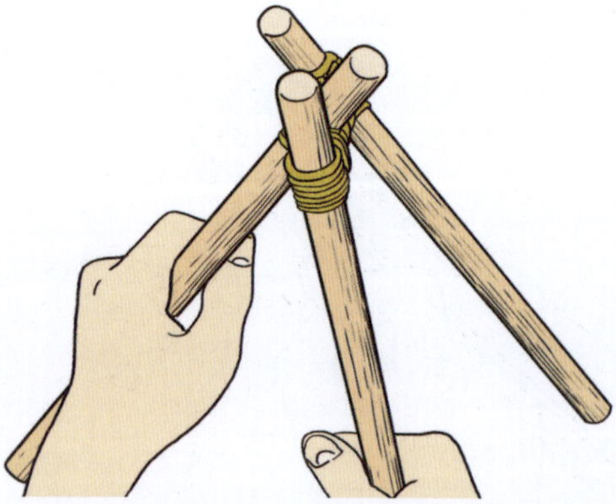

7 竖起三脚架的时候分开外面的两根棍子，用打开剪刀的方式将中间的棍子放到对面。捆得太紧的时候可能很难分开棍子。

眼环结

接绳是指解开两条绳子的绳线并编在一起。这种技术用于将绳子永久性固定在某个物体上，或套在挂钩、桩子、系船柱上。眼环结并不是严格意义上的绳结，而是在一段编织绳索末尾制造出一个“绳眼”。

> 接绳是将两条绳子接在一起的传统方法。

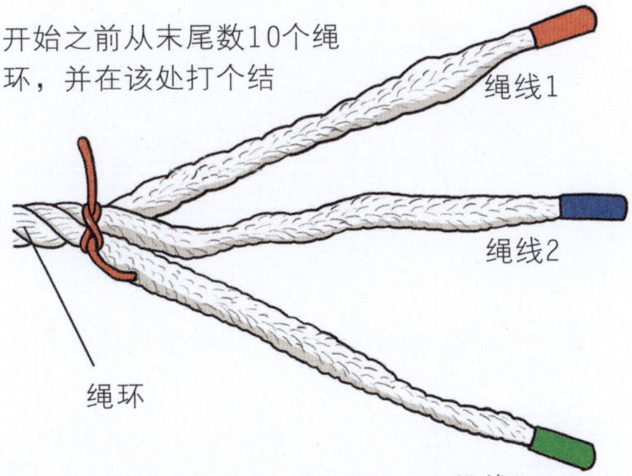

1 解开绳子。分开绳线的时候用胶带捆扎住头部，一直解到绳结处。给每股绳编号。

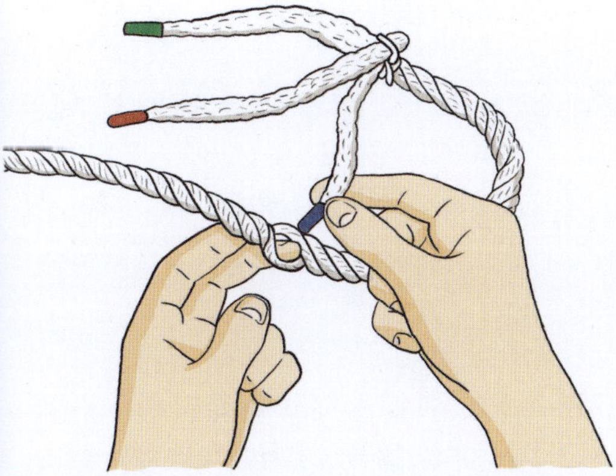

2 从没有解开的绳段中拉出一股绳。将中间的绳线 2 从拉起的那股绳的左下方斜向穿入，但不要全部穿入。

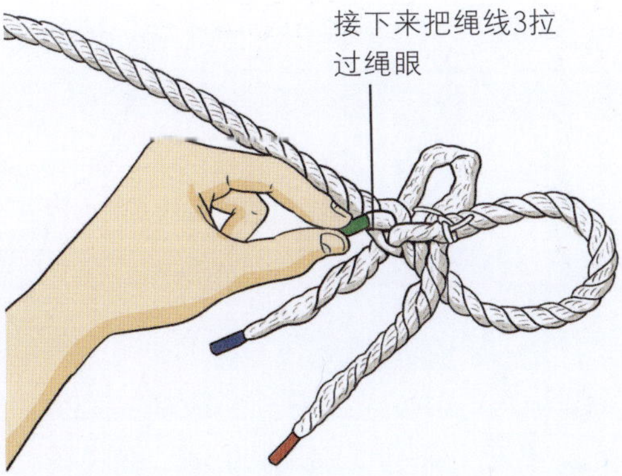

3 将绳线 3 穿入固定端中对应的右边绳线下方，也就是绳线 2 上方绳线右边的绳线。

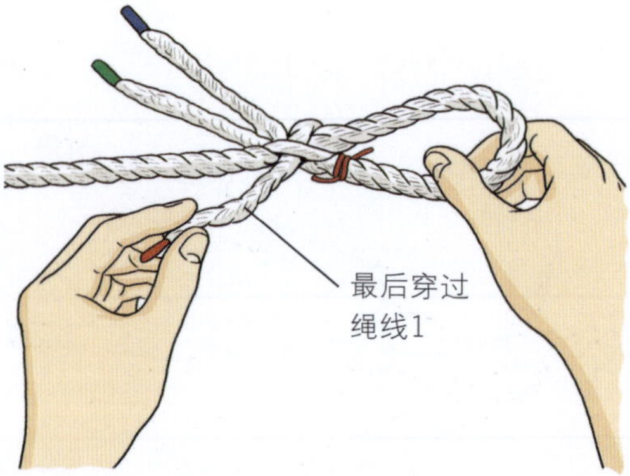

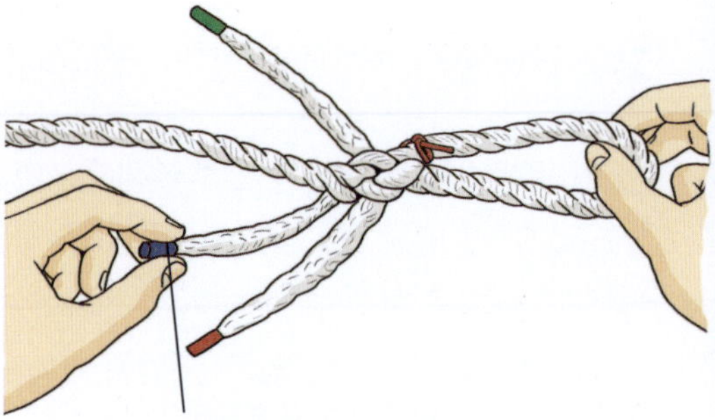

4 轻轻转动绳索，将绳线 1 穿入固定端对应的左边绳线。将这三根拆开的绳线拉向固定端。

5 以斜向方式继续编织拆开的三股绳，直到完成四组穿插。有时候也可以只编织三组，但绳线比较松散的时候必须完成四组。

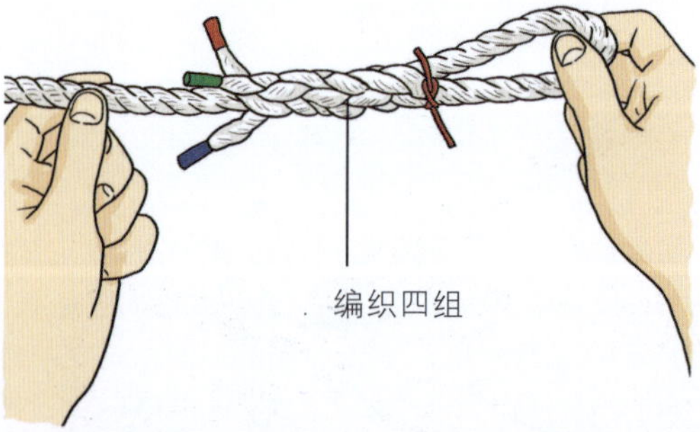

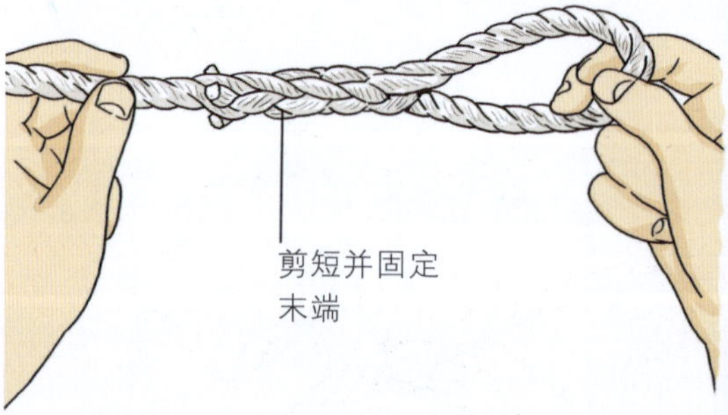

6 编织的时候让拆开的三股绳均匀缠绕。不充分解开固定端的话，绳线的缠绕会越来越不均匀。

7 粗绳子可能需要用解绳钉（一种锥形工具）才能解开。编织四组之后整理绳尾，并通过加热或细绳捆绑固定。

短编结

用这种绳结可以将两根同样粗的编织绳永久固定在一起，而且交接处不会变粗。

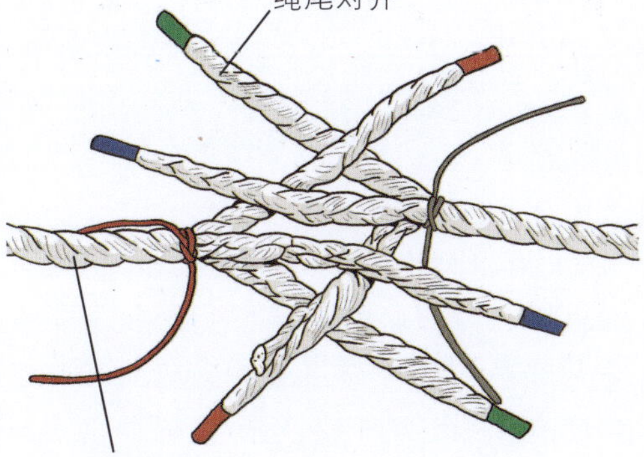

1 分别从两根绳子末尾数出 12 个绳环，在该处打一个缩紧结。给绳线贴上胶布并编号，解开绳线。将绳尾的绳线对齐。

贝尔的话

虽然这种绳结看起来很复杂，但用颜色标记绳线后就要简单得多。

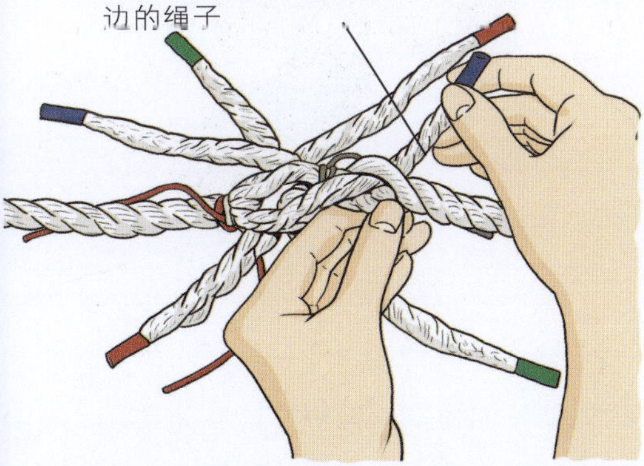

2 通过眼环结的第二至第四步将左边的绳子编进右边。编织两组。

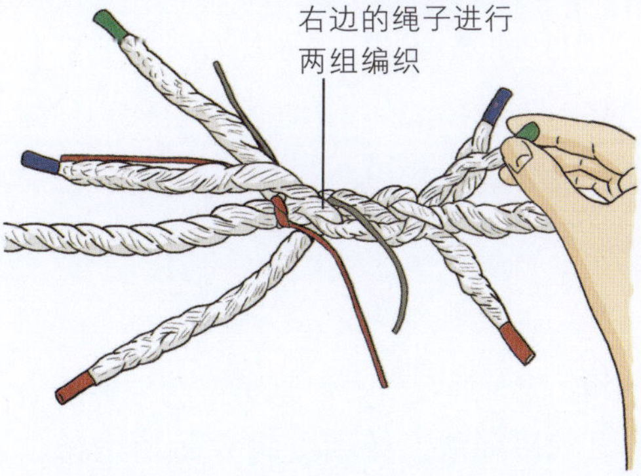

3 用右边的绳子向左边的绳子进行一组编织。拉紧绳线，调整到对齐。按需松开缩紧结。

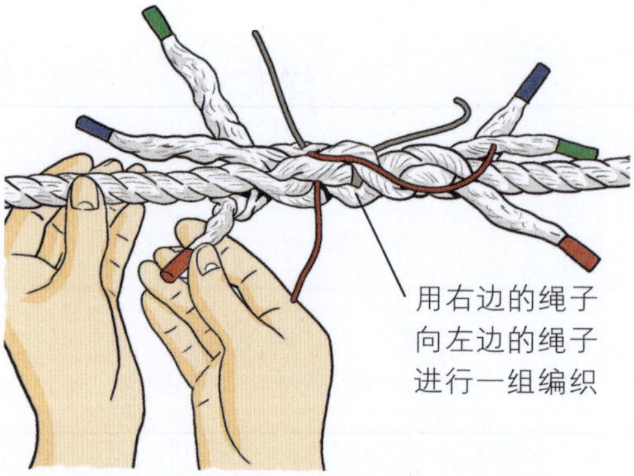

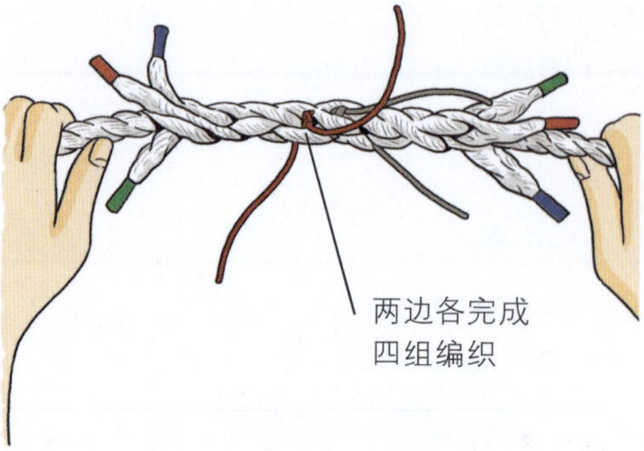

4 再用右边的绳子向左边的绳子进行一组编织，让两边都有两组编织。继续编织，最后每边都要有四组。

5 接绳完成，整理和固定绳尾。如果想让接头处更细，以便更接近绳子的其余部分，那就继续完成第六步。

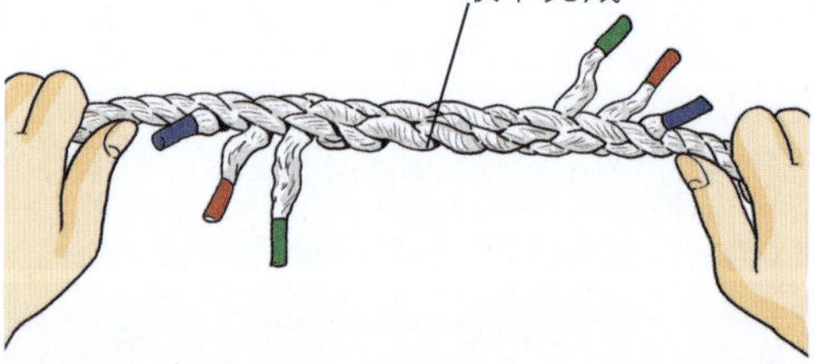

6 简单的收窄方法是第三次编织后留出一根绳线，第四次编织后留出第二根绳线，再用最后一根绳线完成第五次编织。

7 按正确顺序编织完绳线之后，接绳就会整齐地缩窄。剪短并固定末端。

魔术结

在朋友面前摆一条长绳子，向他们发起挑战：双手拿起绳子，并在不松手的情况下打一个结，而且必须是拉动之后不会散开的好结。

贝尔的话

掌握魔术结的诀窍在于大量练习，用不了多久就能给人表演一番了！

魔术结就是打出并解开一个乍看之下不可能实现的结！

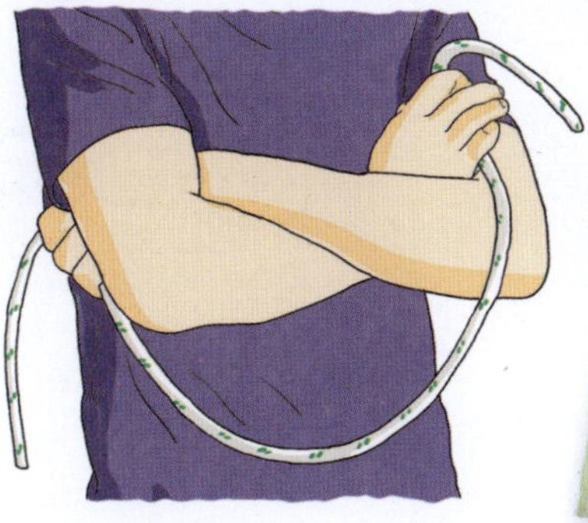

1 把绳子摆在桌子上。拿起来之前先抄起双手。然后弯下腰用两只手分别拿起绳子的两端。

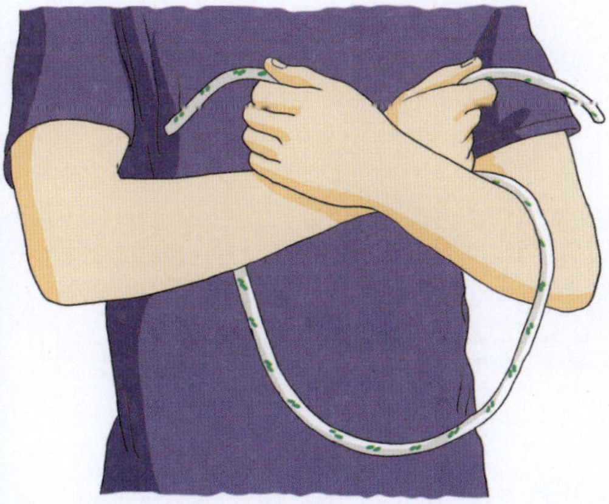

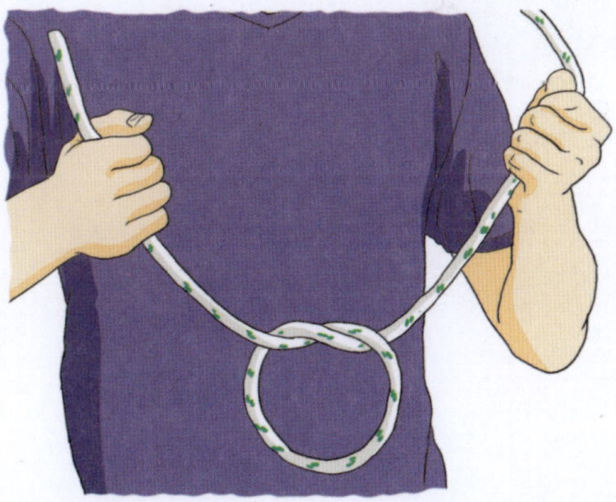

2 牢牢抓住绳子，打开双臂，双手分开，同时让绳子滑过手腕和手。

3 这个技巧能让你在不松开手的情况下打一个反手结。

环扣结

这个把戏可以让你把穿在绳圈里的环拿出来。绳圈要用大约1米长的细绳子。练习到可以迅速完成的水平之后再让朋友惊艳一把：先请他们试试，如果他们在你表演完之后还是一头雾水，那就告诉他们其中的诀窍。

1 用两根大拇指撑起绳圈，右手的小拇指钩住位于环左边的上方绳子。

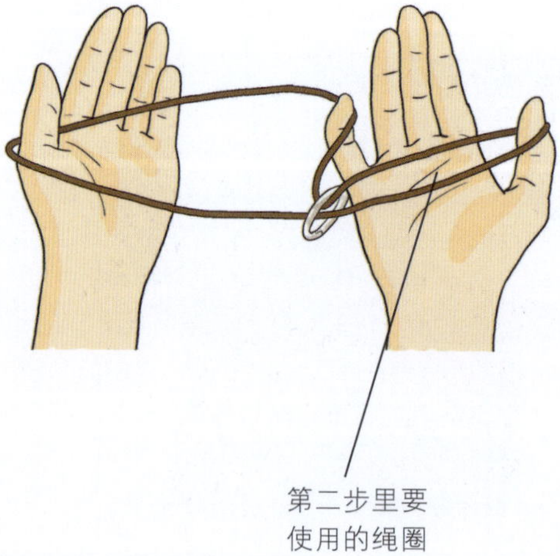

2 用左手的小拇指越过刚才用右手小拇指钓出的绳圈，钩住位于环右边的上方绳子。

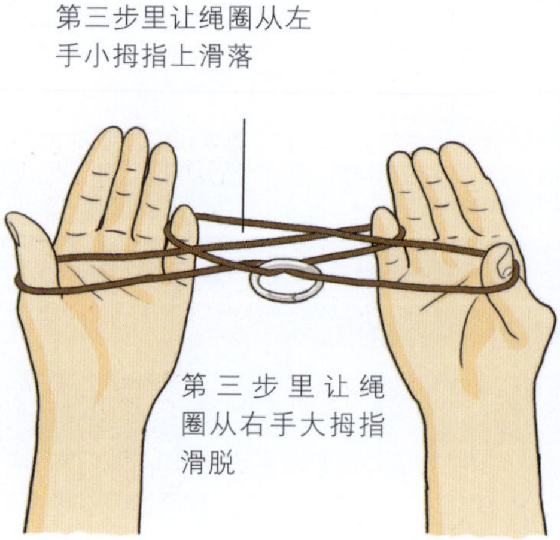

3 抖落绳圈的时候打开双手，让环从绑在左手小拇指和右手大拇指的绳圈上落下。

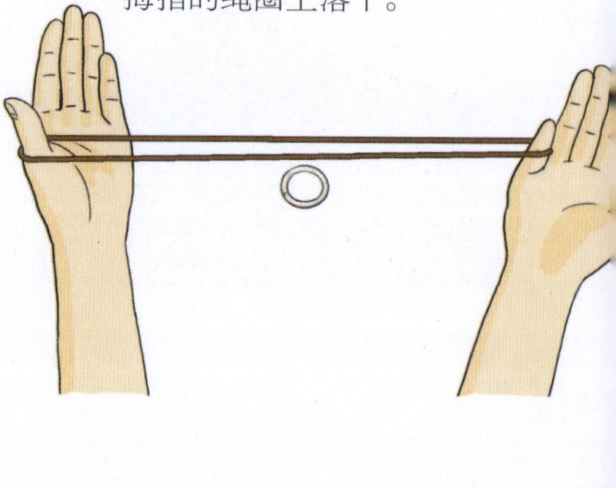

假结

这种以平结开始的绳结看起来非常复杂，但实际上一拉就散。如果使用的是细绳或软绳而不是粗绳或硬绳，那最后一步就最为简单。最好使用大约1米长的绳子。

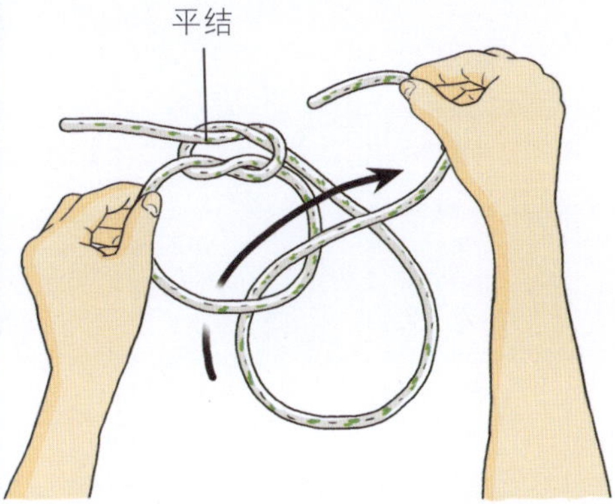

1 用绳圈打一个平结。拿起绳结后面的打结端，将其向前穿过绳圈。

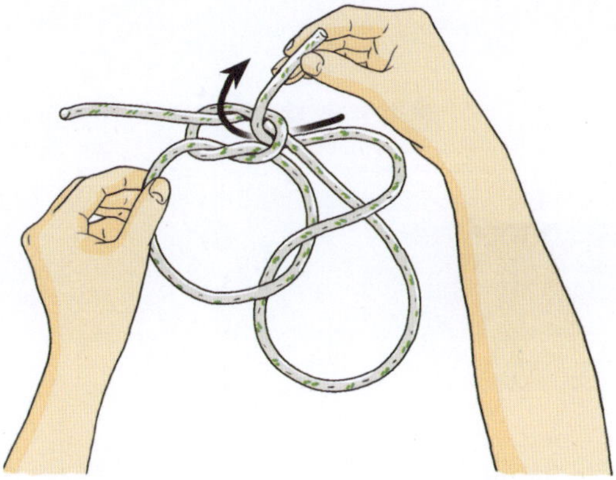

2 让打结端再次从后向前穿过平结的中心。

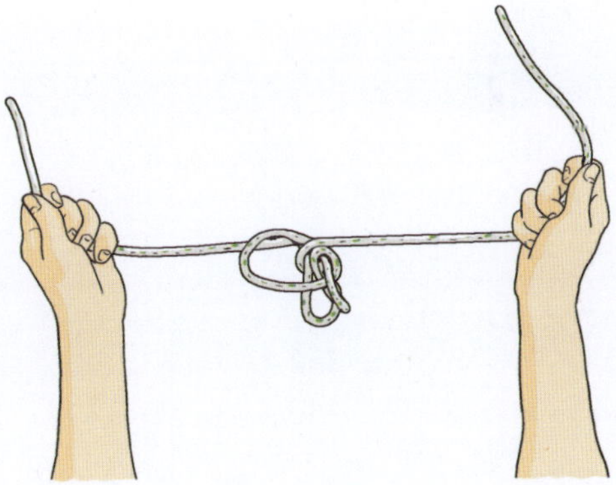

3 用力拉两端，最初的平结会完全散开。

贝尔的话

掌握这个小把戏之后，可以让朋友试试看能不能直接打开平结。

桂图登字：20-2016-331

图书在版编目（CIP）数据

常用绳结25种 /（英）贝尔·格里尔斯著；邢立达译. —南宁：接力出版社，2017.11
（荒野求生技能手册）
书名原文：Knots
ISBN 978-7-5448-5129-9

Ⅰ.①常…　Ⅱ.①贝…②邢…　Ⅲ.①绳结—少儿读物　Ⅳ.①G895-49

中国版本图书馆CIP数据核字（2017）第244064号

责任编辑：车　颖　袁怡黄　　美术编辑：林奕薇
责任校对：王　静　　责任监印：刘　冬　　版权联络：王燕超
社长：黄　俭　　总编辑：白　冰
出版发行：接力出版社　　社址：广西南宁市园湖南路9号　　邮编：530022
电话：010-65546561（发行部）　　传真：010-65545210（发行部）
http：//www.jielibj.com　　E-mail：jieli@jielibook.com
经销：新华书店　　印制：北京瑞禾彩色印刷有限公司
开本：710毫米×1000毫米　1/16　　印张：3　　字数：50千字
版次：2017年11月第1版　　印次：2022年11月第2次印刷
印数：30 001—33 000册　　定价：19.50元